병헤는 밤

Simon 지음

와비사비

오늘도 앞에 놓인 술상 위에
술병으로 가득 차 있습니다.

나는 아무 걱정도 없이
술상 위의 병들을 다 헤일 듯합니다.

가슴속에 하나둘 새겨지는 병을
이제 다 못 헤는 것은
쉬이 취기가 오는 까닭이요,
더 마실 술이 남은 까닭이요,
아직 우리 이야기가 다하지 않은 까닭입니다.

첫 잔

　　　　어느 비 오는 날 퇴근 후, 집에 들어가기 전 집 근처 단골 순대국집에 들렸다. 사장님, 순대국 하나랑 참이슬 빨간 거 하나요- 순대국으로 저녁식사 겸 짧고 굵게 취하도록 참이슬도 곁들여본다. 곧 식탁 위에는 양파와 고추, 김치와 깍두기가 놓이고 쌈장과 새우젓, 그리고 순대국에 넣어먹는 다대기 종지도 함께 등장했다.

　　　　그 날따라 순대국집엔 사람이 없어 연세가 지긋하신 사장님 내외 두 분과 나 혼자였다. 푹 끓여 나온 순대국에 들깨가루를 크게 한 스푼 넣고 다대기도 첨가했다. 순대국을 뜨기 전 소주 뚜껑을 열어 첫 잔을 따랐다. 늘 그랬듯 순대국을 먹기 전 깍두기 한 조각에 소주 첫 잔을 들이켰다. 들깨가루와 순대국을 잘 휘섞었다. 밥은 반만 덜어서 식탁 저 멀리 치워놓고, 쫄깃하게 씹히는 머릿고기를 새우젓에 톡톡 찍었다. 그렇게 또 다음 잔을 비웠다.

TV에 나오던 6시 내고향에서는 시장 내 어떤 허름한 식당에서 두 어르신들이 소머리국밥에 소주를 거하게 드셨다. 허허, 저거 맛있겠다- 소주를 마시면서도 호탕한 웃음을 지으며 약주를 하시는 그 어르신들에 눈길이 갔다. 그러고보니 퇴근하고 저녁에 지인들과 술잔을 기울이며 내 주변의 사람들을 읽는 시간들이 늘 좋았다. 많은 사람이 모이는 자리보다는 1:1 독대로 만났던 그 술상들. 그 사람에게 온전히 집중하며 마주앉아 술 한 잔 기울이며 나누던 그 날 있었던 일들, 지나간 과거, 이 다음에 꿈꿔보는 미래의 이야기들. 서울의 이곳저곳을 누비며 많은 동네를 여행하고 맛있는 음식을 탐험한다. 그리고 술잔을 나누며 분위기에 또 취해본다.

순대를 꼭꼭 씹고 소주 한 잔을 또 비우며, 술자리의 이야기들을, 시간을 나누던 서울의 곳곳과 맛있는 술집들을, 아끼고 존경하는 내 주변의 사람들을 책으로 소개하고 싶다 생각이 들었다. 더구나 책을 펴내는 이 시점에는 하필 주류 회사에서 일하고 있으니, 이것이야말로 덕업일치의 기회 아닌가!

혼술을 하다보니 그새 순대국에 소주 한 병을 뚝딱. 그 동안 비워낸 수많은 술병을 세보며, 이제 첫 글을 한 번 써보러 가볼까.

2023년 가을
Simon

차림표

병 하나에 삶과　　　　　　　　　　　10

오늘 칼퇴? 저녁 ㄱ?

다음주 목요일에 와이프 외박인데

제가 도와줄게요 그냥 걱정말고 해봐요

너라면 그 회사로 옮기겠어 아니면 여기에 있겠어?

결혼준비가 쉽지 않아 형

그러게 형이 그 때 사라고 했잖아

글이 안 나와도 일단 노트북 앞에 앉아 있어

생각이 많은 건 좋은거야

병 하나에 추억과　　　　　　　　　76

안녕하세요 김 상, 잘 지내죠?
나 다음주에 서울간다 니네 집에서 신세 좀 지자
오랜만에 학교 앞에서 만날까?
올해 가기 전에 그래도 이렇게 보네
형, 진짜 우리도 많이 성장했어

병 하나에 동경과　　　　　　　　　122

나 제주도로 이사 가
이제 마흔을 넘기니까 아무래도
저는 이제 회사생활 할 날이 얼마 안 남았잖아요
뭐 언젠간 잘 되지 않겠습니까
나도 너 나이 때는 하고 싶은 게 많았지

병 헤던 동네들

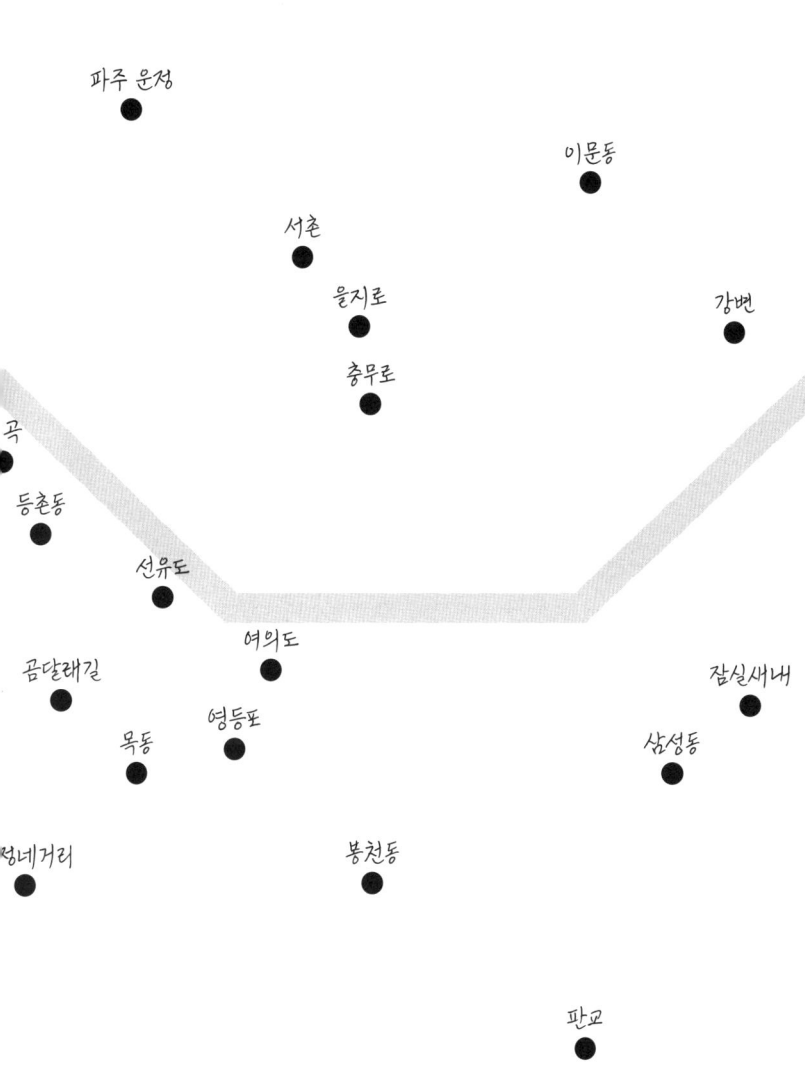

병 하나에 삶과

오늘 칼퇴? 저녁 ㄱ?
- 목동에서 양갈비와 대합수제비

- 오늘 칼퇴? 저녁 ㄱ?

- 7시 목동 1출 ㄱ

    수요일 오후 5시에 도착한 톡. 역시나, 오늘 내일쯤 성범에게 연락을 하거나 올 것 같긴 했지. 시간에 맞춰 쿨하게 사무실에서 나와 지하철에 몸을 싣고 인파에 잠시 무의식의 상태를 유지하며 약 50분을 기다린 끝에 목동역에 도착했다.

    언젠가부터 저녁약속은 새로움보다는 익숙함을 찾게 된 나머지, 그리고 한시라도 사무실 근처의 퇴근한 회사원들로 득실득실한 값비싼 먹자골목에서 멀어져 집 가까이에서 부담없이 볼 수 있는 편을 선호한다. 목동역은 성범과 나의 정중앙에 위치해 있는 곳이기에, 누군가의 피치 못할 사정이 있어 서로의 집으로 찾아가지 않는 한 저녁약속 장소는 십중팔구 이 곳이다.

성범과 저녁을 먹을 때 메뉴는 대부분 돼지목살, 닭갈비, 소곱창, 양갈비, 양꼬치, 육회, 생선회, 해물요리. 기왕 술 한 잔 하니 든든한 음식을 곁들이자는 암묵적 약속과도 같다. 든든한 메뉴에 부응하듯 술도 살벌하게 마시다보니, 그 술자리의 끝은 택시에 서로를 태워보내는 일이 다반사였다. 언제부턴가는 술자리 후 자신들의 운명을 예감이라도 하는 듯, 술을 마시기 전 편의점에 들러 숙취해소제를 털어넣는 것은 기본.

그 날은 유달리 양질의 고기에 시원한 소주가 생각난 나머지 양갈비집으로 향했다. 한 번 가봤던 익숙한 술집들을 위주로 찾아다닌 두 사람이 오랜만에 발견한 새로운 식당. 성범의 회사는 코로나 이후로 재택근무를 계속 이어오고 있었다. 코로나 이후 회사에 입사한 그는 사실 사무실에 매일 출근했던 일이 거의 드물었다. 외근이 아닌 이상 대부분 집에서 근무하는 그는 다른 어느 곳보다도 목동으로 나오는 것이 그에게는 가장 편안한 선택지였다.

주문한 양갈비와 히야시*가 수준급이었던 소주 한 병이 나왔다. 달구어진 불판에 양갈비 한 그릇을 모두 올리고, 곁들일 파와 버섯을 불판의 양 가장자리로 배치시켰다. 불판의 열기에 의해 자칫 소주가 식을 수 있으니 냉큼 각자의 소주잔에 한 가득 소주를 채웠다. 첫 잔은 무조건 원샷. 성범과는 좀처럼 잔을 꺾어 마시는 법이 없었다. 그것은 약속이니까.

*히야시: 차갑게 한 술

방금 털어놓은 소주 첫 잔에 밑반찬으로 나온 볶은 땅콩 몇 알을 털어놓으며 하루와 저번 술자리 이후 업데이트가 되지 않은 1-2주 간의 이야기들을 본격적으로 풀었다.

- 오늘은 일 좀 어땠누. 바빴음?
- 조금 남긴 했는데, 내일 하지 뭐. 샷다 내리고 왔으.
- 고생했구만, 짠할까

지난주 회사에서의 에피소드 – 클라이언트의 급한 요청, 글로벌 본사 담당자와의 커뮤니케이션, 급작스레 잡힌 금요일 밤의 컨퍼런스콜 – 에 이어, 그럼에도 놓치지 않으려 했던 작은 여유들 – 조카와의 소꿉놀이, 집 앞 새로 알게 된 예쁜 카페, 새로 잡힌 소개팅 등 – 가장 보통의 신변잡기.

첫 판에 올린 고기가 노릇노릇 잘 구워졌을 무렵, 안주도 없이 소주는 어느덧 한 병을 다 비워가고 있었다. 딱히 어떤 이유가 있기보다는, 그저 소주잔을 비우고 서로 채워주고 하는 상호작용의 반복. 그건 딱히 바깥으로 내색을 하지 않는 성격의 두 사람 간의 무언의 공감이자 위로의 행위. 띄엄띄엄 중심을 채 잡지 못하던 대화의 물꼬를 튼 바로 그 순간,

- 와, 고기 미쳤다. 먹어봐.

하루종일 활기를 찾지 못하던 두 눈동자가 양고기 육즙이 입안 가득히 고이며 제 위치를 찾았다. 고기 한 점이 입 안을 가득 채우며 턱놀림은 마하10의 속도로 빨라지고 뜨거운 입김을 연거푸 쏟아냈다. 남은 소주를 비워내어 첫 소주병을 출루시키고, 성범은 잠시 담배를 태우러 밖으로 나갔다.

　　첫 판에 올린 고기가 어느덧 바닥을 보이기 시작해 남은 고기를 불판에 올려 굽는 동안 문득 핸드폰 사진첩을 켜고 별 생각없이 올려본 과거 사진들 속에는 그간 성범과 오지게도 비워낸 술병들이 즐비했다. 하루의 격무에 지쳐 기분이라도 풀어보고자 퇴근 1시간 전 급하게 그리고 넌지시 던져본 소주 한 잔의 제안에 있어 타율은 생각보다 괜찮았고, 그런 주기적인 패턴에 가끔은 서로 각자 안고 있던 고민도 털어놓기도 했다.

　　사진을 보다 생각난 어떤 에피소드에 잠시 혼자 미소를 짓다보니 어느덧 고기는 노르스름하게 잘 익혀졌고, 나는 바닥을 드러낸 그의 양념 그릇에 쯔란 가루를 충분히 더 얹어주었다. 자리로 돌아온 그와 레스팅이 충분히 된 양고기 한 점을 집어올리며 두 번째 소주를 주문했다.

　　- 고기 어때? 겁나 잘 구웠지?
　　- 오- 김 대표- 최고야 최고.

새로 구워진 고기에 소주 한 병을 거의 비우며 배가 차자 성범은 줄곧 고민하던 현재 직장과 커리어에 대한 이야기를 나직이 꺼냈다. 지난 번 그 고민이 아직 잘 풀리지 않은 모양이었다.

크지 않은 규모였던 그의 회사는 그가 입사한 이후 빠르게 확장했고, 이후 많은 일을 수주한 듯 했다. 개발자로의 커리어를 목표하고 입사한 그는 중간에 회사의 사정으로 다른 직무를 맡게 되었다. 그럼에도 그는 그 또한 스스로에게 밑거름이 될 것이라 생각했다. 성에 차진 않지만 시간과 노력, 정성을 힘껏 들였다. 다만 파도같이 밀려드는 일에 회사에 지원을 요청했으나, 회사의 대처는 미온적이었다. 그렇게 그는 회사에 조금씩 지쳐가며 일상에서도 좀처럼 힘을 내지 못했다.

비슷한 속도와 박자로 살아온 나도 딱히 명쾌한 답을 줄 수 없기에 그럴 때마다 술 한 잔에 잠시 모난 기분들을 잊어보라 하고, 잠시 힘을 빼 보라고도 해보고 – 휴가도 다녀오고, 주말에 바람도 쐬고 – 아쉬울 것 없는 상황이니 회사에 으름장도 놓으라고 가끔은 잔소리도 늘어놓았다. 실은 그것은 그와 크게 상황이 다르지 않은 나 스스로에게 던지는 메시지였을지도 모르겠다.

길고 긴 대화 중에 주문했던 세 병 째의 소주에 남은 고기 몇 점을 안주 삼아 잔을 깔끔하게 비워내고 가게문을 나섰다.

김포공항으로 향해가는 비행기들이 신정동 주택가 위로 지나가며 가리키는 석양을 향해 걸으며 성범에게 물었다.

- 2차 어디로 가지…?
- 난 국물 땡기는데~?
- 고기 먹었더니 나도~

위장에 가득 기름칠을 했으니, 기분 좋게 깔끔히 속을 씻을 곳이 떠올라 곧장 대합수제비 가게로 향했다. 눅진하고 뜨끈한 국물에 알싸한 소주를 곁들인 그 날의 피날레.

까닭은 알 수 없지만 목동에는 대합수제비집이 유독 많다. 목동 5단지아파트 상가에 있는 곳이 가장 많이 알려져 있지만, 그 외에도 7단지 옆과 목동역 인근에도 각각 하나씩 있고, 세 군데 모두 훌륭한 가성비와 맛을 자랑한다. 노포의 느낌이 물씬 풍기는 이 곳에는 대합수제비 외에도 오징어볶음, 계란말이, 오돌뼈 등 다양한 메뉴들이 많지만 이 중 단연 대표메뉴는 대합수제비. 인근에 사는 주민들이 퇴근길에 미리 전화로 주문을 하고 포장해가는 모습도 심심치 않게 볼 수 있다. 청양고추로 칼칼하고 대합에서 우러난 감칠맛 가득한 국물과, 갓 반죽한 듯 쫀듯한 수제비로 식사를 겸해 소박하게 이슬 몇 방울 넘기는 정도로 고단한 하루를 매듭짓기에 딱 알맞기 때문이었을까.

취기가 올라온 두 사람은 자리에 앉기도 전 소주 한 병과 대합수제비탕을 주문했다. 수제비가 채 나오기도 전 빠르게 일잔을 비워낸다. 지금의 이 흐름이 자칫 끊기면 안되기에.

- 김 대표님 짠하실까요옹~?

곧이어 토렴이 된 웅장한 뚝배기에 대합수제비탕이 등장했다. 이 곳 대합수제비탕에는 인근의 다른 가게와는 달리 통통한 낙지도 한 마리 풍덩 빠져있어 숟가락을 건져 올릴 때마다 만들어지는 수제비, 대합, 낙지, 팽이버섯, 갖은 채소 등 서로 다른 배합이 소소한 재미요소다.

술을 먹으면 식욕이 더욱 솟구쳐 배부름을 느끼지 못한다고 하던가, 1차에서 양고기로 배를 충분히 채웠음에도 불구하고 따끈하게 나온 수제비를 두 사람은 정신을 반쯤 놓고 사정없이 들이켜기 시작했다.

1차에서의 진중한 분위기는 어디간 데 없고, 쫀득한 수제비과 대합으로 우러난 시원한 국물에 대한 감탄이 술상을 가득 채웠다.

- 헐 대박, 국물 진짜 쩔어.

2차에서의 국물요리는 늘 그런 식으로 알면서도 당하게 되는 밑 빠진 위장에 술 붓기. 귀가 전 술을 깨려고 선택한 그것은 역설적이게도 더 많은 술을 부르곤 했다. 진득한 국물에 속을 달래며 취기를 내리다가도, 이내 쑥 들어온 소주 한 잔에 다시 국물 위를 둥둥 떠다니는 파와 양파 조각조각을 숟가락에 듬뿍 퍼서 입 안으로 털어넣는 진퇴양난의 상황. 그렇게 체면을 내려놓은 채 거리낌없는 모습을 보이는, 이것은 우리 모두 진짜가 되는 시간.

　　술상이 다 마무리되기도 전, 성범은 그새 새롭게 알게 된 그의 집 근처의 맛있는 곱창집과 닭볶음탕집의 썰을 풀며 다음에 그곳으로 가보자는 제안을 던졌다. 물론 그런 제안은 언제든 환영이지. 그렇게 또 근래에 술맛이 좋던 명소들을 목에 핏대를 세우며 서로 소개를 하다가, 어느 순간 고개를 떨군 그가 갑자기 휴대폰을 꺼내들었다. 아, 취했구나. 귀소 본능만큼은 투철한 그는 취기가 잔뜩 올라올 때 핸드폰 어플로 택시를 바로 잡는다. 제 몸을 완벽히 잘 가누지 못하고 반쯤 풀린 눈으로 '컹'하고 코먹는 웃음을 내기 시작한다면 이제는 그를 보내줘야 할 시간.

　　그 짧은 시간에 식탁에는 그새 빈 소주 두 병이 올려져 있었고, 다행히 금방 호출이 잡혀 어느새 술집 앞에 도착한 그를 택시에 태워보냈다. 오늘도 다름없었던 한바탕의 속풀이. 저번엔 성범이 전부 산 것 같으니 오늘은 내 차례다.

다음주 목요일에 와이프 외박인데
- 영등포에서 고추삼선짬뽕과 탕수육, 광어회

      그 날 출근길에 카톡을 켜니 석구의 생일이라는 알림이 떴다. 아, 이쯤이었지. 예전엔 평일 퇴근 후 이따금 약속이라도 잡았으나 1년 전 그가 유부남이 된 이후로는 바쁜지 소식도 뜸하게 되었다. 제수씨는 그가 술 마시는 것을 별로 안 좋아한다고 했던가. 그 까닭에 그와 저녁에 소주 한 잔 하는 것도 아련한 추억이 되었다. 그래도 오랜만에 생일 축하나 할 겸 기프티콘 하나를 보내며 인사를 건넸다.

    - 여- 손스방, 생일 축하혀. 잘 사는겨?
    - 아이고 김작가 이게 뭐여 고마워. 나야 뭐 별일 없제.
    - 결혼 생활은 할 만혀?
    - 엉, 그래도 결혼하니 좋다야. 니는 별일 없고?
    - 어, 뭐 회사랑 집 오가는 삶이지 뭐. 본지도 오래 되었네.
    - 그러게 말이여... 오 그러고보니, **다음주 목요일에 와이프 외박인데**... 시간 혹시 되면 볼텨?

- 다음주 목요일? 어디서?

- 내가 오랜만에 서울 함 갈게

- 어? 퇴근하고 언제 왔다 가게? 너 수원에서 오자네.

- 에이 뭐 어떻게 되겠지... 위치나 한번 정해보자고.

결혼 생활의 만족감, 그것은 그것이고. 카톡 메시지 행간에서 느껴지는 그의 들뜬 마음은 천연덕스러움 그 자체였다. 결혼 전에는 석촌동에 살던 그였으나 결혼 후에는 집도 직장도 모두 수원으로 멀어졌던 그가 서울까지 온다고 하니 나 역시 반가웠다. 어디서 만나는 것이 좋을까 고민하다가, 그래도 멀리 오는 그가 집에 돌아가기 편해야 할 것 같아 영등포로 정했다. 더욱이 영등포는 그와 나의 역사가 시작된 곳이기도 했다.

어느덧 약속한 목요일이 되어 시간에 맞춰 영등포역에 도착했다. 그 날 오전에 예상치 못한 업무로 퇴근이 조금 늦어질 수도 있겠다고 한 말과 달리, 그는 제 시간에 맞춰 등장했다.

- 여-손스방-그래도 일찍 도착했네?

- 오늘 일찍 올려고 일은 바짝 쳐내 부렸지.

- 오 굿-뭐 드실?

- 오면서 생각해봤는데, 옛날에 갔던 거기 그 중국집 어뗘?

- 아 골목길 초입에 거기? 오키 굳굳 레고레고

그는 대학 시절 영등포에 있던 기숙사의 룸메이트였다. 졸업 전 마지막 학기 동안 같이 방을 쓰며 이런저런 대화도 나누며 이따금 방에서 몰래 맥주 한 캔씩을 기울이기도 했다. 영등포역 앞 먹자골목은 가끔 시험 공부를 하다가 스트레스를 받으면 빠르게 술 한 잔을 하러 마실을 나갔다가 통금시간에 맞춰 아슬아슬하게 돌아오던 놀이터와도 같은 곳이었다. 다행히도 두 사람 다 졸업 후에 바로 회사에 취직이 되었고, 같은 날 기숙사에서 퇴실하던 우연도 겹쳤다.

그 날은 영등포 기숙사 시절 가끔 갔던 중국집이 생각나 그 곳에 가기로 했다. 70년이나 된 오랜 역사의 중국집은 내 기억에 허름한 2층 건물에 있었으나, 그 사이에 그 옆 신축 건물로 이전하여 매우 세련되고 깔끔해져 있었다. 옛 모습을 더 이상 볼 수 없음에 아쉬운 마음이 들 법도 했지만 정수는 유지한 채 새롭게 단정된 모습이 오히려 좋기도 했다.

- 여긴 일단 무조건 고추삼선짬뽕이지.
- 탕수육도 소 자 하나. 연태도 한 병 까야지?
- 물론~

신이 난 만큼 술의 도수도 함께 올라가는 법. 학생 때 그와 이 곳에서 3천원짜리 이과두주를 마시곤 했는데, 이젠 두 사람 다 어엿한 사회의 역군으로 연태고량주를 마시고 있다니.

- 수원 가는 표는 끊어놨어?
- 어, 끊어놨지. 열 시 조금 안 되서 일어나면 될 듯혀.

아무리 제수씨가 외박이라고 한들 새신랑의 원만한 결혼생활은 지켜내야 했기 때문에 그의 귀갓길을 미리 확인했다. 어느 집이든 제수와 형수에게서 신뢰를 잃는다면 그 이후로 그 사람과의 술자리는 재현되지 않을 것이기에.

머지 않아 주문한 고추삼선짬뽕이 나왔다. 고추기름을 내어 우려낸 고추삼선짬뽕 국물은 텁텁함 하나 없이 은은한 얼큰함 속에 깔끔한 맛이 자리했다. 매운 음식에는 영 소질이 없는 그와 나에게 딱 알맞은 맵기였다. 그 위로 올려진 채 썬 고추와 갖은 볶은 채소, 버섯, 그리고 탱글한 오징어와 새우가 풍성하게 올려져 있었다.

- 여여, 한 잔 하자.
- 어잇- 오느라 고생했다-

작은 두 술잔에 연태고량주 가득 담아 목구멍으로 비워내고, 짬뽕 국물 한 숟갈에 청경채와 오징어 하나를 얹어 안주 삼았다.

- 오랜만에 오는 건데 맛이 그래도 여전하네.
- 그러게 말이여. 아따, 국물 폼 미쳤다.

잊고 지냈던 깊은 고추삼선짬뽕의 맛을 다시 만나 기뻐하던 것도 잠시, 주문한 탕수육이 뒤이어 등장했다. 부먹과 찍먹이라는 중대한 선택지를 던져주는 다른 중국집과는 달리 그 중국집의 탕수육은 소스가 부어져 나오는 것이 특징이었다.

- 여긴 소스 먼저 다 부어서 이렇게 꾸덕하게 나오더라고
- 맞어, 탕수육은 원래 부먹으로 나오는 게 찐이라매?
- 아 그려?
- 예전엔가 테레비에서 어떤 셰프가 그랬던 것 같어. 소스를 부어서 나오는 집은 그만큼 튀김의 바삭함에 자신있는 거래.
- 오~ 몰랐네. 너 중식을 좋아했나배?
- 좋아는 하는데, 요즘은 많이 못 먹어.
- 왜?
- 와이프가 중식을 별로 안 좋아해. 이렇게 집에서 나올 때나 가끔 먹는겨. 너도 나중에 결혼해보면 알겨~
- 아... 저런... ㅋㅋㅋ

평소에 좋아하는 메뉴도 마다하게 되는 새신랑의 참사랑. 그 날 탕수육이 맛도 좋았으나 유난히 빠르게 줄어드는 것 같던 이유는 아마도 간만에 물 만난 고기처럼 그가 식기 전 따뜻할 때 먹어야 한다며 바삐 젓가락질을 해댔기 때문이었을려나. 탕수육의 소진 속도 만큼이나 짬뽕국물과 연태고량주도 빠르게 사라져갔다.

- 그래서, 회사 말고는 뭐해 요즘?

- 결혼하고선 이제 뭐 거의 집에 와서 와이프랑 있지. 저녁 차려 먹고 강아지 산책시키고. 특별히 뭐 없어.

- 그렇구먼.

- 이번에 아파트 사면서 달마다 원리금 내는 게 조금 빡세지긴 했는데, 그래도 와이프도 나도 마음은 한결 편하더라고.

차곡차곡 모은 돈으로 마침내 아파트를 구입하고 이사를 한 석구. 퇴근 길에 마트에 들러 장을 봐 온 재료들로 요리를 하고, 넓진 않지만 크기가 적당한 식탁에서 함께 저녁식사하기. 식사 후 소화도 시킬 겸 강아지와 함께 근처 냇가 옆 산책로를 따라 천천히 걷기. 잠들기 전 소파에 나란히 앉아 맥주 한 캔을 따며 넷플릭스 보기. 주말 아침엔 커피 원두를 갈아 진한 커피향 가득히 맡으며 커피 한 잔 내려마시기. 평범한 일상 속에서 행복은 멀리 있지 않았다.

- 너는 확실히 예전보다 여유로워 보이긴 한다.
- 그런 것 같아. 그래도 김과장 너도 잘 살고 있자네.
- 그런가? 난 계속 뭐 복작복작거리며 살기 바쁘지 뭐.
- 결혼하면 좋은 건 맞는데, 뭐 천천히 해도 되어. 결혼하면 싱글 시절의 취미도 시간도 많이 내려놓게 되고 하니.

음, 나는 어느 쪽을 더 원하고 있는 것일까.

- 요 앞에서 광어회 조금 해서 소주나 좀 더 하자.

연태고량주가 바닥이 나서 시계를 보니 석구의 기차 시간까지 조금은 시간이 남아 짧은 2차를 위해 근처 횟집으로 향했다. 가본 적은 없으나 쭈꾸미, 도다리, 갑오징어 등 봄 제철 생선들의 맛이 좋다며 리뷰들이 나쁘지 않았다. 꽤 배가 불렀던지라 그 날은 광어회 한 접시만을 주문했다.

- 니 결혼하기 전에 여행이나 한 번 다녀올 걸. 바닷가에서 쐬주에 회 한 사라 찌끄리는 맛이 있는데.
- 그러게 말이여. 뭐 오늘 기분이라도 내보자고. 사장님 여기 한라산 한 병이요.

제주도 느낌이나 내보자며 한라산 한 잔을 따르고 건배.

- 와이프 가끔 친구들하고 여행가는 때 맞춰서 한번 제주도 정도나 각을 보자고.
- 좋지 나야. 그런데 가능하긴 하겠냐? ㅋㅋ
- 뭐 와이프도 놀러가는데 나라도 못할 건 없지야.

결혼생활의 행복, 그것은 그것이고. 무심코 던져본 제주도 여행 아이디어에 그의 설렌 마음은 능청스러움 그 자체였다.

잠시 후 등장한 광어회는 특별하진 않았으나 적절하게 도톰하니 쫄깃한 식감이 나쁘지 않았다. 막장에 와사비를 살짝 넣어 휘젓고 광어 한 점을 푹 찍어 상추에 올려 먹으니 제법 괜찮았다. 거기에 시원한 소주를 충분히 곁들이며.

- 소주도 진짜 오랜만에 먹네.
- 회사에서 회식 잘 안 하나? 와이프랑은?
- 회식도 거의 없고, 와이프가 술을 잘 안 마셔.
- 너 그래도 간간히 소주 찾아 마시다가 이젠 답답하겠네.
- 뭐 이럴 때 한 번 마시는거지. 아으, 오늘 소주 달다.

그 날 따라 소주가 달다는 그는 점차 얼굴이 발갛게 달아올랐다. 결혼하면 안정감이 들어 좋다고 했다가, 금새 내게는 결혼을 천천히 해도 된다고, 아니 천천히 해야 된다고도 하며 오락가락 하던 그가, 결국 나지막이 한 마디를 읊조렸다.

- 김과장... 부럽다.

만족감과 행복, 안정감만큼이나 자유가 무척 그리웠을까.

- 이제 너 막차시간 맞춰 슬슬 일어나야지.
- 음... 아니면 요 앞에서 빵댕이나 짧게 흔들고 가자 어때.

- 나야뭐 상관없는데 니 괜찮겠냐.
- 이런 날은 또 쉽게 오지 않어~ 잠깐 들어갔다 나오자.
- ㅋㅋㅋ 그려. 근데 니 집 가는 기차표는?
- 지금은 다 매진인데 어차피 이따 취소표 생길겨. 이따 중간에 잡으면 돼.

그렇게 잠깐의 일탈을 찾아나선 그는 칵테일 한 잔과 함께 음악에 맞춰 신명나게 스텝을 밟았다. 트랙이 바뀌며 귀에 꽂히는 익숙한 멜로디에 엔돌핀은 한껏 샘솟았다. 얼마가 지나 잠시 쉬자며 자리로 돌아오자마자 그는 테이블에 머리를 대고 잠에 빠졌다. 이제 집에 가자는 말에 잠깐만 쉬다가 한 번만 더 무대로 나가자는 그였다. 새신랑의 소박한 일탈에 웃음을 짓다가, 마침 마지막 기차의 취소표가 있어 그를 대신해 수원행 기차표를 예약했다. 잠시 후 그는 남은 혼신의 힘을 다해 찰나의 자유를 만끽했다. 그러다 예약해 둔 기차 시간이 다 되어 이제는 진짜 떠나야 할 시간.

- 표는 내가 아까 잡았어. 카톡으로 보냈으니 자리 확인해.
- 어어어- 가~~~~! 즐거웠어~ 조만간 또 보자고~~~~

그렇게 그를 돌려보내고 난 후 다음 날 아침에 온 카톡.

- 와, 어제 눈 뜨니까 평택이더라.

제가 도와줄게요 그냥 걱정말고 해봐요
- 삼성동에서 사골스지오뎅나베와 감자전

- Simon님 혹시 퇴근하셨습니까
- 아뇨 아직 사무실입니다. 무슨 일이세요?
- Hoxy*... 가볍게 한잔 하시겠습니까? ㅋㅋㅋ
- 아? 좋죠 ㅎㅎ

얼마 전 어떤 저녁 자리에 합석하면서 알게 된 옆 팀 정재님의 메신저 채팅에 불현듯 얼마 전 내가 요청했던 업무가 떠오르며 혹시 놓친 것이 있던가 싶었는데, 의외의 답변이 흥미로웠다. 때마침 저녁 일정이 없기도 해서 채비를 해서 곧 로비로 내려가겠다고 했다. 난데없는 저녁 제안에 그 역시도 겸연쩍었는지 처음 그와 인사했던 저녁 자리에 같이 있었던 몇몇들도 같이 올 수 있는지를 물어봐 달라 하여 곧바로 그 사람들에게도 연락을 돌렸으나, 아쉽게도 모두 다른 일정이 있었다.

- 뭐 이왕 시간 잡은 거 둘이 가서 간단하게 마시죠.

*Hoxy: '혹시'

무슨 할 이야기가 있었나 싶었는데, 그는 담배를 한 대 피우며 그런 건 아니고 그냥 술이 한 잔 하고 싶었다고 했다. 뭐, 술 한 잔 할 수 있는 상대가 하나 더 생기면 좋지. 근래들어 그의 도움을 필요로 하는 업무들이 많아졌기에 굳이 마다할 이유가 없었다.

- 요즘 일 어때요?
- 아직은 낯설지만 그래도 나쁘지 않게 적응하고 있어요.
- 상무님이 말씀 많이 하던데요? 싸이먼 술 잘 마신다고.
- 아...? 저 술은 잘 못 마시고 술자리는 좋아합니다.
- 술 잘 못 마신다고요? 그래도 두 병은 할 것 같은데?
- 하하, 뭐 그 정도...일 거에요.
- 잘 드시네요 뭐. 그럼 제가 종종 가는 데로 갈래요?
- 좋죠. 저 뭐 가리는 거 없어서 따라갈게요.

크게 한 블럭을 가득 메운 코엑스와, 그 건너편으로 불빛 가득한 속세를 저 높이서 내려다보고 있는 봉은사의 미륵대불과, 크나큰 대지를 둘러싼 채 한창 공사중인 옛 한전부지를 제외하면 술 한 잔을 기울일 마땅할 장소가 여의치 않는 삼성동에서 퇴근 후 가끔 동료들과 술 한 잔을 기울이면 다섯 곳도 안 되는 선택지 중에서 고르기 마련이었는데, 오랜만에 새로운 곳을 가볼 생각에 기분이 좋아졌다. 연초를 다 태운 그가 앞장서서 향한 곳은 회사 근처 먹자골목 내에 차분한 분위기의 이자카야였다.

다소 중후한 분위기의 그 이자카야에서 그는 따끈한 사골스지오뎅나베에 소주와 맥주 한 병씩을 주문했다. 추측컨데 그는 맥주를 주문할 생각은 별로 없었으나 빳빳한 직장 동료 간에 처음 갖는 술자리인만큼 체면을 차리고자 스스로에게 미리 제동을 걸기 위함이었을지 모르겠다. 다만 글라스에 조심조심 소주 반 잔을 따르고 맥주를 채워넣었던 첫 잔이 건배와 함께 순식간에 사라지자, 알량한 가식 따위는 이제 다 버리라는 듯 – 남은 맥주를 게 눈 감추듯 마시고 빈 소주잔을 테이블 위에 깔았다.

- 이자카야 좋아해요?
- 그럼요. 술 마실 때 뭐 많이 먹는 거 안 좋아해서, 이렇게 이자카야에서 음식 하나 시켜놓고 마시는 게 나아요.
- 오 저도 그런데, 그럼 여기 잘 왔네. 맛 괜찮아요?
- 네, 국물이 엄청 진해서 좋네요.

그 날은 때마침 초겨울의 스산한 바람이 어두운 퇴근길을 드리웠기에 주문한 사골스지오뎅나베는 훌륭한 선택이었다. 오뎅, 스지, 채소만 넣고 끓여내도 충분할텐데 거기에 푹 고아낸 사골국이 신선한 충격이었다. 걸쭉한 사골국물과 오뎅 몇 점을 접시에 덜어내 서로 건네며 이제 각자의 배를 좀 채우는 듯 했으나, 좀처럼 오뎅과 스지가 줄지 않고 사골국만 서서히 줄어들었던 것은 아마도 각자 날것의 모습을 보이긴 여전히 조심스러웠던 까닭이었겠다.

그러나 그 소심한 대치 상태는 결국 수시로 비워지던 소주에 의해 금새 사그러들었고, 상대에게 하나둘 물음을 던지고 그에 맞춰 제 소개를 꺼내보였다. 입사시기, 팀 분위기, 상사와의 관계, 요즘의 업무 이슈, 대학 시절 전공, 이전의 직장들과 커리어 등. 일종의 면접을 보는 기분이었으나, 대화의 물꼬가 터지니 그제서야 시장했는지 접시에 덜어냈던 오뎅과 스지가 조금씩 사라져갔다. 마음 속 어딘가에 자리하던 작은 고민들도 그 때 슬그머니 수면 위로 올라오던 와중이었다.

- 지금껏 해오던 것하고는 너무 다른 일이라서...
- 뭐... 잘 하면 되죠.
- 처음엔 조금 뚝딱거릴 것 같은데, 곧 적응하겠죠 뭐.

정재님을 거울삼아 그저 나 혼자 스스로에게 사기진작을 하던 와중에 그가 나지막히 한 마디를 건냈다.

- 제가 도와줄게요 그냥 걱정말고 해봐요.

뭘 어떻게 도와준다는건가- 잠시 멍해지다가 조금 지나 그 문장의 기운이 서서히 마음 속의 안개를 걷혀내던 느낌은 시간차를 두고 찾아오는 사골국물의 진득함과도 같았다. 나는 다른 누군가의 목표를 나의 능력과 에너지로 밀어주겠다 자신해본 적이 있던가.

예상치 못했던 지원 계획에 피어오르던 감사함은 하필 술기운과 맞물려 열기로 승화되다보니 이마에 조금씩 땀이 맺혔다. 대화가 이어지는 동안 꿋꿋이 불을 피우던 버너를 잠재우고, 담배를 피우러 잠시 나가는 정재님의 제안을 따라 찬바람에 땀을 식혔다.

- 싸이먼님도 저처럼 땀이 많네요. ㅋㅋ
- 네, 그래서 여름엔 진짜 힘들어요.
- 뭐, 2차 간단히 하고 가실래요? 괜찮아요?
- 아, 그럴까요?

　　　간단히 마시자던 처음의 제안과는 달리 생각보다 길어진 자리에 뭐 진작에 이렇게 될 거였네- 싶었다. 가방을 챙겨 술집을 나와 시간을 보니 밤 8시. 삼성동 먹자골목의 모든 술집에 그 날의 어떤 하루를 마친 직장인들로 가득한 시간. 한 병씩만 딱 반주로 먹고 가자던 팀 후배도, 우연히 같은 곳에서 만난 옛 대학원 동기도, 승진 축하를 위해 한데 모인 팀 회식도, 해외에서 출장 온 손님들을 접대하는 자리도, 500m 남짓되는 그 골목의 작은 술집들에서 한데 건배와 웃음으로 가득 채우고 있을 시각. 그 날 예기치 않게 찾아온 새로운 상대와의 술자리 역시 그 반복된 일상으로 가득한 직장인의 하루의 마지막에 재미진 요소였다.

- 2차는 정재님이 안 가보셨을 곳으로 제가 모시겠습니다.

그렇게 찾은 곳은 회사 동료들과 툭하면 찾는 민속주점. 본래는 막걸리 한 사발을 걸치는 곳이나 그 날은 이미 소주를 적지 않게 마셨기에 다음 날 출근을 위해 막걸리 대신 소주를 택했다. 술이 올라온 탓이었는지, 기름진 음식이 생각나는 나머지 그 주점의 비밀병기인 감자전을 주문했다.

- 이래서... 술을 많이 마시면 안 되요. 자꾸 뭘 먹어요.
- 맞아요. 그래도 술을 안 마실 순 없잖아요? ㅋㅋ

아까 분명 술을 마실 때는 뭘 많이 안 먹는다고 했던 두 사람이었는데, 결국 그 종착점은 기름으로 코팅된 탄수화물 가득한 감자전이었다. 아무래도 상당한 술궁합끼리 만났음이 틀림없다.

회사 이야기를 넘어 하나 둘 신변잡기들이 술상 위로 등장했다. 그 동안 다녀온 여행지, 다녀본 백패킹, 하고 있는 운동, 연애사업, 가정사 등 - 1차에서의 긴장감은 온데간데없이, 처음 갖는 자리에서 꺼내긴 조금 벅찬 이야기들도 취기를 빌려 너나 할 것없이 터져나왔다. 곧이어 상에 오른 노릇한 감자전처럼 아삭한 주제들은 나중에 다른 자리에서 등장하면 좋았겠으나 이미 터진 박장대소와 만물에 대한 호기심과 공감 가득한 리액션, 온갖 유머코드가 봇물 터지듯 흘러나오는 것을 막을 수 없었다. 이미 나는 그대의 정체를 알았으니 샌님인 척 그만하라는 듯.

- 여하튼, 일하다가 필요한 거 있음 얘기해요. 저 싸이먼님이 그런 일할 때 쓰라고 있는 사람이에요.

- 그렇다면 잘 부탁드립니다. ㅎㅎ

- 후, 아니 아까 두 병 드신다면서 엄청 잘 마시는데?

- 아 뭐 마실려면 더 마시는거죠 뭐. 그런 거 잘 안 따져요.

- 싸이먼 완전 Gang이네 ㅋㅋㅋ

Gang. '패거리' 또는 그 이상으로 '뜻을 함께하는 무리'를 의미하는 단어. 남들의 눈에 잘 띄지 않는 곳에서 작당을 모의하고 결국 성공으로 이끌어내는 집단. 앞으로 긴 호흡으로 나와 함께 재미있는 일을 비밀스레 도모할 수 있을 것 같다는 그의 확신이었나. 나 역시 그와의 작당모의를 통해 모두를 놀라게 하는 어떤 한 방을 충분히 만들어 낼 수도 있겠다는 기대감이 들었다. 그런 기대감은 또한 바쁘디 바쁜 현대 사회에서의 정서적 안정감이기도 했다.

음지의 도원결의와도 같았던 첫 술자리를 마무리하고, 그 후로 그에게 더 많은 업무요청과 그로부터의 더 많은 결과물이 돌아오며 업무의 진척은 그 전보다 빠른 속도로 전개되었다. 맡은 일들은 더 많아졌지만 이제까지 중 가장 일에 재미를 느낄 때였다. 그렇게 첫 독대 이후 얼마 지나지 않아 메신저로 도착한 그의 메시지.

- 42man 와썹 오늘 퇴근 몇 시임

너라면 그 회사로 옮기겠어 아니면 여기에 있겠어?
- 봉천동에서 전주식 막걸리 한 상

- 자네 오늘 저녁에 뭐 하는가?

- 딱히 뭐 없음. 와, 술 마시자고?

- 일찍 먹고 일찍 헤어지는 걸로 어뗘?

- 음...

- 이 쪽 넘어오면 내가 살게. 니한테 물어볼 것도 있고.

- 콜

어느 무료한 일요일 오전에 난데없는 기대감을 안겨주는 남길의 카톡. 계절이 바뀔 때쯤 한 번씩 주말에 당일 저녁 술상 호출을 서로 서슴없이 하는 술로 막역한 사이. 여름이 거의 다 끝나갈 무렵이었지만 그래도 아직은 더운 날씨에 두문불출하던 나를 집 밖으로 끌어낼 수 있는 요령을 터득한 그였다 - 공짜 술과 '너의 도움이 필요해'의 요청. 집에서 에어컨을 쐬며 조금 더 빈둥거리다가 약속시간인 4시에 맞춰 집을 나섰다.

그는 계속 관악구 이곳저곳을 전전하다가 봉천동에 살고 있었다. 봉천역에서도 국사봉 방향으로 한참을 올라가 막다른 길에 위치한 마을버스 종점 정류장에서 내려야 도착하는 언덕 꼭대기에 그의 집이 있었다. 맑은 날에는 정면으로 관악산 연주대가 또렷이 보이는, 이름 그대로 하늘(天)을 받드는(奉) 마을이었다.

봉천역 출구로 올라가 에어팟을 끼고 있던 그를 만났다. 그는 집에서 걸어왔다고 했다. 귀찮거나 불편한 것을 몹시도 싫어하는 그가 날씨도 더운 대낮에 20분이나 걸려 내려왔다니.

- 니 안 덥나 마을버스타고 내려오지.
- 버스 기다렸다가 타나 그냥 오나 어차피 마찬가지다.
- 아 맞나
- 니 뭐 먹을래? 아까 카톡으로 보내준 거기 갈래?
- 그래 거기 가자.

봉천역에서 한 블럭 안 쪽으로 들어가니 거리의 풍경은 금새 읍내와 다름없었다. 낮고 오래된 이층 건물들 사이로 난 좁은 골목을 원색적인 파라솔과 캐노피들이 포갬 가운데 오래된 정육점, 생선가게, 청과점 앞에서 저녁 장을 보는 사람들과 폐장 전 떨이를 빨리 처분하려는 가게 주인들의 우렁찬 목소리로 가득찼다. 이름만으로도 정다운 TRY, 온누리약국을 지나 베이스캠프에 도착.

중후한 철제 샷시 미닫이 문을 열고 들어가니 술집은 테이블이 열 개가 채 안 될 정도로 작았다. 오후 네 시는 식사를 하기에는 애매한 시간일지어도 술꾼들에게는 해가 지기 전에 적당히 알딸딸해질 수 있는 최적의 시간임을 그 곳에 오는 사람들은 모두 알고 있었던 것 같다. 우리는 마지막 빈 테이블을 찾아 겨우 앉았다.

메뉴판은 현수막으로 인쇄되어 벽에 붙여져 있었다. 이것저것 메뉴는 다양했지만 처음 방문했다면 십중팔구 답은 정해져 있었다 – '한 상 차림'. 도착하기 전 블로그를 통해 확인했던 이 곳의 한 상 차림은 경이를 넘어 경외 그 자체였다.

- 야... 근데 이거 우리 다 먹나? 니는 별로 먹지도 않자네.
- 어차피 다 못 먹어. 그리고 2차 가자는 소리는 안 나올듯?

말이 끝나기가 무섭게 잘 섞인 장수막걸리 한 병과 막걸리 사발이 나와 일단 잔을 채웠다. 묵음의 건배 후 첫 사발을 시원하게 비워냈다. 그리고 본격적으로 시작되는 한 상 차림 – 단호박, 장조림, 두부김치, 도토리묵무침, 떡볶이, 황태국, 머릿고기, 오징어숙회, 김치전, 생선구이, 꼬막, 찜닭, 계란찜, 조각채소, 방울토마토, 그리고 이 곳은 '남도 정통파'라고 말하는 듯 – 홍어회까지. 삽시간에 테이블에 접시가 올려지며 수저통과 냅킨통, 심지어 물통이나 휴대폰을 둘 공간 하나 없었다.

평소에 즐기지 않는 홍어가 유독 먹음직스럽게 보여 막걸리를 방패삼아 한 번 도전해보았다. 오도독거리는 식감만이 느껴져 이젠 홍어도 먹을 수도 있겠구나 생각한 찰나, 뒤늦게 올라오는 코끝 찡한 알싸함에 새로 채운 막걸리 사발을 그대로 쭉 비워냈다. 콜록거리는 나를 보며 그는 웃음기 가득 머금고 혀를 찼다.

- 쯧쯧... 니 괘안나? ㅋㅋ 역시 세상 만사 뭐 쉬운 게 없어.
- 와 눈물이 찔끔 나네. 막걸리 좀 더 줘 봐.
- 홍어 말고 딴 거 먹어라 니 홍어 잘 먹도 못하네.

소화기로 불길을 제압하듯 홍어의 충격을 가시고자 뚝배기에 담겨온 계란찜을 크게 한 숟갈 넣었다. 역시 어머니의 품과도 같이 포용력 있는 계란찜이 최고.

- 니는 홍어 먹나
- 나도 못 먹어. 아, 니 홍어 냄새 계속 난다.
- 아 씨 그래? 어쩌지 막걸리를 더 마셔야 하나.

홍어의 여파가 계속되는 가운데 갖가지 안주들을 하나둘씩 집어들었다. 불행 중 다행으로 남도 음식답게 간이 센 편이라 조금씩 홍어의 흔적들은 사라져갔다. 그 중 새우젓을 톡톡 찍은 머릿고기는 마치 시골 잔칫상을 떠올리게 하는 경쾌한 맛이었다.

- 그래서, 니 뭐 물어보고 싶은게 뭔데?

술값은 하고 가야하니 그의 고민을 들어보기로.

- 다른 게 아니고, 다른 회사에서 오퍼가 왔는데 고민이야.
- 뭐 하는 회사인데? 니 지금 있는 데 얼마나 있었지?
- 이제 3년 정도? 오퍼 온 회사는 스타트업.
- 오, 그래도 지금 회사 꽤 다녔네. 벌써 그리 되었나.

남길은 스타트업이었던 첫 회사에서 만난 친구였다. 재직하던 내내 좌충우돌이었던 그 회사 이후 그는 나와는 달리 모험적인 선택들의 연속이었다. 회사의 타이틀이나 재직 기간과 같은 단편적인 요소들은 그의 큰 고려 대상이 아니었다. 그래서 돈을 더 많이 챙겨주는가, 성장할 만한 사업 아이템이 있는가 – 두 가지가 전부였을 뿐. 그렇게 몇 번의 이직을 통해 정착한 회사에서 비교적 길게 지내는 것 같더니 덜컥 들어온 새로운 제안에 고민이 되는 모양이었다. 여러 회사를 다니며 그 두 가지만이 전부가 아님을 깨달은 듯 했다.

분주했던 막걸리 사발식을 잠시 멈추고 그는 다니고 있던 회사와 제안이 왔던 회사의 상황을 풀어놓으며 물었다.

- 너라면 그 회사로 옮기겠어 아니면 여기에 있겠어?

그는 재직 중이던 회사가 초창기였을 때 입사했고 그가 있던 3년 동안 회사는 빠르게 성장했다. 입사 후 초반에는 밥 먹듯 야근을 일삼다보니 회사 근처에 작은 방을 구해 회사와 집만을 오가며 몇 개월을 생활했던 적도 있었다. 직원 수 규모도 크지 않고 해결해야 할 일들 투성이었던 입사 초창기에 그는 체력적으로는 힘들었으나 일에서 묵직한 가치를 느끼고 베일에 가려진 잠재력을 좇아 열심히 달려가는 것 같았다.

회사가 성장하는 과정에서 조직이 커지고 체계가 잡혀가며 어느 순간부터 그는 시원시원하게 풀리지 않는 일들에 답답함을 느꼈다. 예산과 직책, 프로젝트는 한정적인 데에 반해 그것을 제 것으로 만드려는 사람들은 많다보니 작은 일도 쪼개어 나누게 되고 분위기도 정치적으로 변하는 세태에 그는 염증을 느끼기 시작했다. 그러다 우연히 구인구직 사이트를 통해 다른 회사에서 이직 제안을 받았다. 그 회사 역시 이제 막 시장에 첫 발을 내딛은 단계였다. 그에게 제시한 연봉은 재직 중인 회사보다 더 높았고, 그가 재밌게 할 만한 일도 더 많은 것 같았다. 무엇보다 그의 집에서 더 가깝기까지 했다.

- 그 회사로 넘어가는 게 좋아보이는데, 뭘 고민하는거여?
- 넘어가도 나중에는 결국 또 똑같은 상황이 될 것 같아서.
- 그렇다고 지금 회사에 있는 게 좋은 선택은 아니지 않음?
- 그건 그렇지.

\- 아니면 지금 회사에다가 한 번 너가 딜해봐.

\- 어떻게?

\- 압박하는거지. 다른 데서 제안이 와서 고민이 된다고.

\- 그 다음엔?

\- 지금 있는 회사에서 최대한 더 네 조건을 높여놓고, 오퍼가 온 회사에다가 역제안을 하는거지. 그런데 뭐 이것저것 다 떠나서, 솔직히 지금 회사에서 너 지금 그 분이 너한테 조금만 기다리면 너한테도 좋은 기회가 갈 거라고 얘기한 것 때문에 고민하는 것 아녀?

\- 그렇긴 해.

\- 내 경험 상 그런 기약은 허공으로 날아가더라고. 괜히 나중 가서 애매해지지 말고 확실한 것들만 한 번 짚어보고 판단해봐.

그의 이야기를 한참을 듣다가, 적당한 취기와 포만감에 입이 풀린 나머지 속사포와 같은 조언을 건넸다. 그의 이야기를 잘 듣기만 하던 평소에 술자리의 나와는 다른 모습에 살짝 놀란 그였다.

\- 어우, 싸이먼 날카로워, 예리해 예리해...

나는 막걸리 잔에 반쯤 남은 막걸리를 목구멍으로 털어내며 바통을 그에게 무심히 넘겼다.

\- 뭐 여튼 결정은 니가 하는 거니까.

한바탕 대화를 나눴음에도 다채로운 즐거움의 안주들과 즐거움엔 끝이 없던 막걸리로 인해 불러온 배는 쉽사리 꺼지지 않았다. 먹음직스럽게 보이던 김치전은 젓가락 한 번 대지 못한 채 식어버렸고, 금방이라도 비워낼 것 같았던 찜닭이 든 뚝배기는 여전히 반이 남아있었다. 테이블 위에 자리가 없어 자리 밑으로 내려놓은 막걸리 빈 병들은 열띤 토론의 장의 흔적 그 자체였다.

- 어우... 진짜 배불러. 그렇게 먹었는데도 이만큼이 남아?
- 그러니께 말이여. 잘 먹었지 뭐.

그렇게 배가 불러서 애꿎은 땅콩만 젓가락으로 깨작거리다가, 흐리멍텅해진 그의 눈을 보고 자리에서 일어났다.

- 가자 내일 또 출근인데 일찍 들어가 쉬어야지.
- 그려 갑세. 잘 먹었다.

그렇게 그 날은 아직 해가 떠 있는 이른 시간에 헤어졌다. 아직도 하루가 이렇게 많이 남았다니. 역시 낮술만한 것이 없다 생각했다. 그도 집에 돌아가서 남은 긴 하루동안 더 고민을 해보겠지.

두 달 뒤, 다른 모임에서 남길을 만났다. 주섬주섬 지갑을 꺼내던 그는 나에게 뭔가를 내밀었다. 새로운 회사의 명함이었다.

결혼준비가 쉽지 않아 형
- 잠실새내에서 제주돼지목살과 돼지김치찌개

- 형 몇 시에 나갈 거?
- 이거 메일 하나만 쓰면 될 듯?
- 후 나도 얼른 마무리해야지. 15분에 ㄱㄱ

  그 날은 직장 동료인 인성과 술을 한 잔 하기로 한 날이었기에 빠르게 업무를 마무리하던 참이었다. 허나 애석하게도 그런 약속이 있는 날들의 끝에는 사소한 업무들이 남아있기 마련이었다. 퇴근 전 온 집중을 다해 적어내던 이메일을 다 쓰고 발송한 후 제대로 메일이 갔는지를 확인하니, 마지막 문장에 눈에 띄는 오타 한 자와, 메일에 첨부해드린다고 공손히 적었건만 결국 온데간데 없는 첨부파일. 세상만사 뭐 하나 쉽지가 않다.

- 죄송합니다. 첨부파일이 누락되어 재송부드립니다.

  후속메일을 쓰고 나서야 노트북을 닫고 짐을 챙겨나가니 이미 인성이는 회사 건물 1층에서 기다리던 참이었다. 늦어서 미안-

늘 회사 근처 술집들의 살인적인 가격에 불만이었던 그는 그 날 회사에서 그렇게 멀지 않은 잠실새내로 가보자 했다. 아직도 신천역이라는 이름이 더 입에 잘 붙는 그 동네와 집이 가까웠던 적은 단 한 번도 없었음에도 어디 즈음에 어떤 식당과 술집이 괜찮더라는 정보가 남아있는 까닭은 과거부터 현재까지 근방에 사는 사람들이 시종일관 신천으로 초대를 했기 때문이었다. 잠실야구장이 근처에 있기에 한 때 야구경기 직관에 미쳐있을 때는 줄곧 경기 후 사람들과 뒷풀이를 오기도 한 이 곳은, 휘황찬란 네온싸인으로 가득한 유흥가 뒷편으로 바로 시장이 있어 여러 가게들을 구경하는 재미도 있었다.

무엇보다 재미있는 것은 이 곳이 다른 서울의 유흥가보다 유독 노래주점이 많다는 것이다. 대학 시절 친구들과 삼삼오오 돈을 모아 갔던 노래주점 – '준코'. 그 곳은 노래방과 함께 7가지 안주가 기본으로 제공되었기에 가성비 있는 놀이터였다. 이 또한 한 시대를 풍미한 유행이겠다 싶었는데, 잠실새내에는 이런 노래주점이 여러 곳이 있을 정도로 아직 굳건하다. 한편 시끌벅적한 유흥가 정중앙에 성스러운 성당이 자리한 사실은 아직도 놀랍기만 하다.

- 오늘 미팅 많아서 진이 다 빠지는데 보양 한 번 갈까?
- 어휴 좋지. 뭐가 좋으려나?
- 우리한테 뭐 다른 게 있겠나. 고기 좀 구워봅시다.
- 오늘도... ㅋㅋ 오케이-

의도한 것은 아니나 인성과 술을 마시러 가면 종종 고깃집을 찾곤 했다. 그도 그랬던 것이 회사 밖에서 처음 그와 술 한 잔을 했을 때 갔던 고깃집에서 둘 다 연거푸 탄성을 쏟아낼 정도로 고기맛이 좋았기 때문이었다. 그 고깃집은 사장님이 제주도에서 직접 고기를 공수해 오시는 곳이었는데, 주문한 두툼한 목살과 함께 꽈리꼬추와 파인애플, 새송이버섯을 사장님께서 불판에 정성스레 올려주시는 모습과 한 소끔 끓여진 따뜻한 멜젓에 살짝 담갔다 빼낸 육즙 가득한 고기의 맛이 자연스레 술을 불렀다. 회사와는 달리 체면을 차리지 않아도 되는 편한 자리는 처음이었던 까닭인지 여러 술집을 오가고 중간에 바람도 충분히 쐬어가며 그와 허심탄회한 대화를 이어가다 보니 새벽 4시가 되서야 잠에 든 그 날의 기억. 아마 그래서였을까, 제주 목살은 인성과의 술상에서 상징과도 같다.

결국 그 날도 잠실새내의 거리를 걷다가 제주 목살집을 발견하곤 바로 그 곳으로 입장했다. 꼭 제주 목살을 먹어야겠다는 생각은 아니었지만 망설임 없이 선택할 수 있는 메뉴이기에. 바로 목살 2인분과, 그 식당의 메인인 가브리살 1인분도 함께 주문했다. 이윽고 잘 익은 갓김치와 명이나물 짱아찌, 백김치를 비롯한 소스가 테이블 위에 등장해버리자, 서두른 마음에 직원을 호출했다.

- 여기 카스 하나 처음처럼 하나 주세요.
- 역시 첫 잔은 소맥이지.

그 날 따라 회사에서 유독 많았던 미팅에 겹겹이 쌓이던 정신적 체증은 그와의 건배 후 목구멍으로 털어넣었던 첫 소맥 한 잔의 시원함에 싸그리 내려가는 듯 했다. 그리고나선 아까부터 계속 시선을 빼앗던 갓김치 한 조각을 안주로 삼았다. 알싸한 갓김치에 그제서야 술상에 본격적으로 로그인 완료.

직원의 전문적인 스킬로 노릇노릇 잘 구워진 목살이 먹기 좋게 잘라지고 남은 맥주와 함께 첫 목살 한 점이 입 안을 가득 채우고 나서 그 날 회사에서 있었던 일들로 슬슬 입을 풀었다.

- 형은 오늘 엄청 바빠 보이대.
- 갑자기 들어온 요청 건이 있어서 그거 때문에. 너도 장난 아니던데?
- 나는 뭐 이게 일상이지 뭐… 아 진짜 답이 없어.

답이 없는 수 많은 상황들의 연속에 입사 시절 야무지고 책임감 있던 그도 조금씩 지쳐가던 와중이었다. 워낙 배려심도 많고 평판도 좋은 그는 실은 그런 바른 모습을 지탱하는 데에 너무 많은 에너지를 쏟고 있는 듯 했다. 혹여 나 역시 그처럼 너무 많은 힘을 들이기에 스스로에게 지쳐 재기하지 못하게 되진 않을까. 그에게 종종 '그렇게 안 해도 괜찮아'라고 말하게 되는 건 나를 향한 안식의 주문이기도 했다. 그리고 나서는 '그럼에도 지치지 말자'라고도.

이듬해 초 결혼을 앞두고 있던 그에게 있어 그 해는 정말 부산스러웠다. 연초에 이 회사로 이직하며 바람 잘 날 없던 업무와 더불어 항상 순탄치만은 않던 결혼 준비까지, 인생의 다음 여정으로 나아가는 데에는 이토록 굳은 각오가 필요한 것인가 싶기도 했다.

- **결혼 준비가 쉽지 않아 형.**
- 고생이 많다. 이제 그래도 제법 많이 준비했잖어.
- 그렇지... 내가 형한테 말을 다 안해서 그렇지, 휴...

서로를 아끼는 남녀가 사랑을 하는 데에는 어쩌면 관심과 배려와 칭찬과 공감으로도 충분할 지도 모르겠으나 '가정'이라는 한 사회적 개체를 새로 만드는 데에는 당장 둘이 함께 살 집과 결혼식과 양가의 동의와 자녀계획 등 보다 세속적인 요소들에 신경을 쓰게 되는 건 어쩔 수 없는 것인지 – 무엇 하나라도 큰 고민없이 해결할 수 있는 상황이라면 한결 더 순조롭게 진행할 수 있을지도. 혹은 그 중 어떤 것도 신경쓰지 않는 '기개'를 가지는 옵션도 있겠다. 어떤 쪽을 선택하든, 중요한 것은 꺾이지 않는 마음.

아무튼 지금까지 살아오며 나의 모든 것들을 적나라하게 드러내 보여야 할 때는 결혼을 준비하는 동안이 처음인지라, 아무리 그 동안의 키워온 사랑이 나와 상대를 보호해준다 하여도 간혹 긁힐 각자의 자존심 위 작은 생채기까지는 어찌할 도리가 없는가보다.

인성이 그간의 답답했던 속마음을 불판 위로 늘어놓는 동안 나는 가브리살을 노릇노릇 굽고 있었고, 이야기가 마무리될 무렵 나는 그의 접시 위로 가브리살 몇 조각을 슬쩍 올려주었다.

- 다 익었다, 얼른 먹자.
- 어어, 같이 먹자. 내가 구울게 형. 굽느냐고 별로 먹지도 않는 것 같어. 와, 근데 진짜 여긴 가브리살도 대박이다.

고기를 굽겠다고 하기엔 이미 주문한 고기는 모두 불판 위에서 훌륭히 구워진 상태였고, 배려 한 스푼을 크게 얹은 그의 말이 무색하게 고기 집게와 가위는 여전히 내 상 위에 있었지만, 가브리살은 마치 그의 생채기 위로 바른 기름진 마데카솔이었던 것일까. 회사에서 자신의 기분을 표현하는 데에 인색한 그가 연거푸 맛있다고 이야기하는 것을 보니 그 동안의 작은 속앓이는 이제 한결 누그러지는 듯해 보였다.

- 형, 여기 밀면 같은 것도 있는데 어때?
- 여기서 마무리하고 근처 2차로 넘어가자.
- 그것도 좋지.

지난 날 무려 11시간 동안 진득하게 술을 마시던 두 사람은 역시나 쉽사리 그 날의 술상을 끝내지 않았다.

기름칠을 충분히 한 탓인지 국물에 소주 한 잔을 걸치는 것이 좋겠다 싶어, 근처에 있던 김치찌개 집으로 향했다. 요리의 형태는 김치찌개를 띄고 있으나 메뉴명은 그냥 '탕'으로 정해버린, 사장님의 호탕한 면모가 엿보이는 곳.

주문한 지 얼마 되지 않아 나보다 더 나이가 지긋해보이는 양푼이 냄비에 큼지막히 썰린 목살이 가득한 뻘건 탕이 등장했다. 탕의 비주얼을 보자마자 마치 파블로프의 개라도 된 듯 메뉴판에 있던 계란말이를 바로 주문했다. 아무리 생각해도 매콤한 국물에 계란말이를 함께하지 않는 것은 죄를 짓는 것만 같다.

찌개 속 고기가 익는 동안 잠시 각자의 핸드폰을 확인하며 쉬고 있었다. 인스타그램 스토리 피드를 둘러보며 살짝 오른 취기에 영혼없는 하트를 뿌리는 있던 중 머지 않아 그는 작은 한숨을 쉬었다.

- 뭔 일 있어?
- 아니 뭐 다른 건 아니고 집에 몇 시에 들어갈 거냐고 해서
- 10시까지 들어간다 해, 어차피 이거 먹고 갈 꺼잖어.

그도 그럴 것이 워낙 회사 거래처와의 저녁 식사도 많고 했던지라, 여자친구 입장에서는 나날이 많아지는 술자리에 그의 건강과 안위가 걱정이었을 테다.

덩달아 조급해진 마음에 가스불이 최대로 올려진 것인지 괜히 확인도 해보고, 고기가 더 빨리 익게끔 고기를 양푼이 아래 쪽으로 푹 깔아보기도 했다. 다행히 머지 않아 찌개 속 고기가 익고, 때마침 계란말이도 따끈하게 등장했다. 냉장고에서 직접 소주를 꺼내 오게 된 것은 바쁘신 사장님을 배려하는 차원이었을지, 귀가 시간을 신경써야 하는 인성을 위함이었을지.

이 날만큼은 라면사리 하나 추가 없이 온전히 찌개만으로 소주잔을 기울였다. 시간이 그렇게 촉박하지 않음에도 소주잔이 비워지는 속도에 가속이 붙었던 건 긴 시간동안 여유있게 천천히 충분한 술을 마시던 두 사람이 이 날만큼은 여유를 부릴 시간을 갖지 못했기 때문이었겠다. 다행히 김치찌개에 충분히 우려진 돼지목살 기름이 국물에 고루 배어 진득해진 상태인지라, 빠르게 비워가는 소주잔들의 장단을 잘 맞춰갔다.

얼큰한 김치찌개와 케첩 듬뿍 찍은 계란말이, 그리고 소주 한 잔을 털어넣는 것의 반복으로 두 사람의 대화는 '억흐-'와 '미쳤다' 단 두 마디로 점철되었다. 예상치 못한 음주 속도에 소주 각 두 병을 비워내고 얼떨떨한 상태로 계산을 한 후 가게를 나온 시간은 아직 9시. 그렇게 아쉬움에 건넨 한 마디.

- 야, 아직 시간도 남았는데 코노*나 잠깐 때리자.

*코노: 코인노래방

그러게 형이 그 때 사라고 했잖아
- 여의도에서 우거지감자탕과 먹태

성웅 선배로부터 카톡으로 블로그 링크 하나가 도착했다.
「 수서역 인근 임장 :: 네이버 블로그 」

이윽고 바로 도착한 카톡,
- 형이 저번에 청약 넣어보라는 데 넣어봤어?
- 아뇨 너무 비싸던데... 오늘 출근하셨어요?
- 급 한잔 할까

    몇 개월만의 연락이었음에도 후배는 선배와의 10년을 훌쩍 넘긴 술상의 경험 상 당돌하게 선배의 안부 따위는 묻지 않은 채 그 날 그의 출근 여부만이 궁금했다. 연락이 된 내친 김에 각자의 터수를 확인하면 됐지.

- 네 제가 여의도로 7시까지 갈게요

성웅 선배의 회사는 여의도에 있었다. 굴지의 금융사들 뿐만 아니라, 최근 몇 년 초고층 상업 건물과 대형백화점, 고급 호텔까지 들어선 명실상부 서울의 중심지. 탁 트인 한강과 남산타워가 보이는 여의도 한강공원으로 서울 토박이가 아닌 나의 지독히도 깊고 진한 감성을 훔친 '너섬'.

한창 취업을 준비하던 스물다섯의 나는 당시 뚜렷한 이유 없이 여의도에 있는 회사에 취직하고 싶었다. 경영학 전공이었기에 금융 쪽 분야를 조금 더 공부해서 자격증도 따고 했다면 가능했을 법도 한데, 그렇다고 그 당시 금융사를 꼭 들어가고 싶다는 의지가 있었던 것도 아니었다. 돌이켜보면 굳이 여의도에 있는 회사를 눈독 들였던 이유는 지극히도 순진무구했다 – 봄이면 윤중로에 벚꽃이 피니 선홍빛으로 가득한 그 길을 따라 퇴근할 수 있어서, 점심식사 후 운동 겸 울창한 나무로 푸르른 여의도공원을 크게 한 바퀴 돌 수 있어서, 가끔씩 밤이 되면 여의도 한강공원에서 캔맥주 하나 들며 황금빛으로 장식한 한강 위 크루즈와 그 뒤로 빨간 빛을 진중하게 깜빡이는 남산타워를 볼 수 있어서.

그 작은 섬에도 빽빽하게 들어선 고층 건물 안에서 밤에도 불을 밝히는 많은 회사원들의 현실을 이해하기까지는 직장생활을 시작한 이후 그렇게 오랜 시간이 걸리진 않았지만, 지금까지도 이 섬에서 혼자만의 안식과 낭만을 누리고 있는 데에는 변함이 없다.

일찍이 업무를 마감한 직장인들이 아직 흐트러지지 않은 와이셔츠 차림으로 노상에서, 또는 오래된 상가 건물 지하 어딘가 구석진 식당에서 서로 왁자지껄 떠들며, 화려한 요리보다는 진한 육수가 식도를 사르르 덮는 국밥 한 그릇에 소주 한 잔이나 바삭하게 튀겨낸 치킨 한 마리에 살얼음꽃 잔뜩 피어낸 생맥주 한 잔이면 충분한, 여의도는 그런 소탈한 멋이 있는 섬. 가을이면 고층 빌딩 사이 작은 골목 노상마다 열린 포차에선 웃음소리가 끊이질 않는다.

　　지도앱을 켜고 여의도역 주변 식당을 검색하다가 후기가 나쁘지 않은 감자탕집을 발견했다.

　　- 형 여기 갈까요
　　- 오 감자탕 좋은데?
　　- ㅇㅋ 여기서 7시에 뵈요

　　그 날의 조명, 온도, 습도에 맞춰 알맞은 식당을 고르고 선배에게 자신있게 권하는 만큼 두 사람이 부딪힌 소주잔은 셀 수도 없이 많았다. 빠르게 약속 장소를 정하고 남은 업무를 빠르게 정리하고 6시 정각에 사무실을 나섰다. 약속 시간보다 일찍 식당에 도착하게 되어 선배가 도착하기 전 우거지감자탕을 먼저 주문한 후 한소끔 끓여내었다. 보글보글 감자탕이 끓을 무렵 알맞게 도착한 선배는 자리에 앉고 마스크를 벗었다.

- 잘 살았냐.
- 뭐 늘 똑같죠. 이모 여기 참이슬하고 카스 하나요.
- 코로나는 잘 피해다니고 있어?
- 아직은요. 주기적으로 알코올로 소독해서 괜찮아요.

시작부터 애드립을 늘어놓는 후배를 향해 선배는 한 번 씩은 미소 한 번을 날리며 손소독제를 한 움큼 짜내 손에 고루 펴 발랐다. 이윽고 찬 서리로 한껏 감싸인 맥주잔에 소주를 좔좔 부은 다음, 맥주를 잔 끝까지 찰랑거릴 정도로 가득 채웠다. 잔에 술을 알맞게 붓는데 공을 들일 시간에 차라리 술을 가득 붓고 잔을 빠르게 비워내며 못다한 토크나 하는 것이 더 좋겠다는 생각일까.

- 와, 요즘 집값 미쳤어 정말.
- 그러게요, 저는 엄두도 못 내겠어요.
- 형도 그 때 샀기에 다행이지 지금은 장담 못할겨.
- 저는 뭐 망한 것 같아요, 허허. (건배)

낮에 카톡으로 나눈 대화를 이어가려고 탁상에 올려놓은 화두는 어김없이 천정부지로 솟는 집값과 이제는 차별화된 전략을 가져가야 한다던 주식, 나아가 위험해 보이지만 누군가의 한 방이 더 이상의 노동이 필요하지 않을 만큼 일확천금을 안겨다 주었다는 코인 이야기였다.

삼수 끝에 대학에 입학한 만큼 남들과 같은 박자로 학교를 다닌다는 것은 성웅 선배에게 있어서 사치였다. 그래서인지 어떻게 살아갈 것인가에 대한 방향이 그 누구보다 확고했다. 대학의 과를 고르고, 동아리 및 대외 활동을 하는 데에는 저마다의 목적이 있었고 그 길의 끝에는 그가 꿈꾸던 사업이 있었다. 군대 전역을 한 직후에 이미 아래아 한글 파일에 각 잡힌 목차를 시작으로 꽤 구체적인 사업의 컨셉노트를 완성한 그였다.

선배도 나도 지방에서 상경하여 이 곳에서 직장을 구하고 사는 입장에서 그는 어수룩하고 다른 친구들과는 어딘가 사뭇 달라 보이는 대학생 시절의 나를 먼저 편하게 대해주었다. 많은 사람들 사이에 섞여 있는 것을 편치 않아 하는 내 성질을 알아채고 따로 술 한 잔씩 사주며 두런두런 이야기를 하던 그였다. 가끔 아득한 그의 사업계획에 채색을 더하는 재미도 있었다 – 그 사업이 훗날 실제로 진행된다면 나는 이런 역할을 해주었으면 하고 그 때까지 어떤 경험이 많이 있었으면 한다는 – 마치 어른들의 레고 블럭 놀이처럼. 이윽고 그가 결혼을 하고 아이가 생기자 대화의 주제는 자연스레 현실적으로 변모했다 – 육아, 출산, 소득, 집 등등.

그 동안 나의 신변은 크게 달라지지 않았음에도 전환된 주제의 대화가 낯설지만은 않았던 건 머지 않은 나의 이야기일 수도 있기 때문이었으리라.

얼마 전에 평촌으로 다녀왔던 부동산 임장을 시작으로 신혼특공과 1기 신도시, 경매공부를 거치며 이야기의 농도가 짙어지는 동안 등뼈살은 농익어갔다. 망설임도 없이 털어넣은 소주가 고기의 겉을 감싸는 것이 마치 이렇게 인생의 다음 단계로 나아가기 위한 지식을 꼭꼭 씹어 소화해 나가면 푹 고와낸 감자탕과 같은 감칠맛 나는 삶이 눈 앞에 기다리고 있겠다 싶었다. 하지만 이따금 느껴지는 떫은 감자탕 속 깻잎의 향처럼 씁쓸한 순간도 간간히 찾아오는 데에 대한 각오도 해야겠지.

천정부지로 치솟던 집값을 시작으로 사회 이곳저곳의 부조리와 갈등에 깊은 우려를 표하던 선배. 그럼에도 그가 포기할 수 없었던 건 인간에 대한 깊은 통찰과 선한 마음, 그리고 노련한 용기였던 것만 같다 – 가족의 행복도, 오랜 친구들의 안위와 그들의 꿈도, 사회 선후배들에 대한 아낌없는 응원도, 늘 배움을 선사하는 새로운 경험도, 그리고 감자탕의 끝에 볶음밥도. 볶음밥을 마무리로 하여 최후의 소주 한 병을 비워내는 것이 이 술상을 아름답게 매듭짓는 것이라는 상호간의 암묵적 동의.

- 사장님 여기 볶음밥… 형님 한 개.. 두 개..?
- (고민 중)
- 하나 주세요. 어차피 형 2차 갈건데…
- 그려 먹다가 소주 너무 많으면 남겨

바스락거리는 철판 위 볶음밥을 보며 잠시 멍을 때리다가 제법 뎁혀진 볶음밥을 한 숟갈 퍼냈다. 이 세상에 맛있는 음식은 무수히 많지만 어떤 면에서 소주의 최고의 안주는 돌고 돌아 밥이 아닐까. 소주의 당과 쌀밥의 당이 명징하게 직조해낸, 이것이야말로 여당과 야당의 아름다운 협치. 수분이 이탈해 짭쪼름해진 감자탕의 양념과 고소한 김은 풍미를 한껏 끌어올렸다. 밥 앞에서 말문을 잃은 선배와 나는 그렇게 철판 위 안착한 누룽지까지 싹싹 비워내며 부담스럽다던 마지막 소주 한 병까지 깔끔하게 비워냈다. 숟가락을 놓기 전 베어 물었던 깍두기의 알싸함은 그야말로 화룡점정.

'엄카', '법카'만큼 귀중한 '형카'가 1차를 빛내주고 식당을 나섰다. 감자탕 고기에 우거지, 감자, 볶음밥까지 더해지니 배가 터질 듯해서 다음 장소로 이동하기 전 조금 걸으며 소화시킬 겸 여의도 공원으로 발걸음을 옮겼다. 술기운으로 달아오른 얼굴을 찬 바람으로 충분히 식혀내며.

- 날이 이제 진짜 춥네요
- 겨울에는 어쩔려고 그러냐
- 마음도 춥고
- 지랄… ㅋㅋ

지랄스러운 날씨와 청승의 끝에 2차는 먹태와 맥주로.

북적거리는 가게 안 작은 테이블 하나에 자리를 잡고 곧바로 집 나간 정신이 돌아올만큼 차가운 생맥주를 한 모금 마셨다. 그리고 머지않아 주문한 먹태가 먹기 좋게 찢어진 채로 청량고추를 송송 썰어넣은 마요네즈와 함께 등장했다.

　　　　먹태는 명태를 황태로 말리는 과정에서 얼고 녹는 과정이 부족해 검게 변해 황태로서의 가치는 없어도 그 촉촉함에 제법 매니아 층도 있다. 황태가 되어가는 과정에서 중도탈락한 먹태도 존재의 이유를 갖는 것을 보면 정해진 궤도에서 벗어난다 하여 슬퍼할 필요는 없으나, 얼었다 녹았다를 반복하는, 자칫 고통스러워 보이는 시간들을 잘 견디고 기회를 잘 잡았다면 복잡한 자기위로와 정신승리 대신 명백한 성취감과 안정감이 마음을 채웠을텐데. 먹태 한 조각에 듬뿍 묻힌 마요네즈와 코 끝을 찡하게 하는 청량고추가 찰나의 아쉬운 마음 위를 푸근히 포갰다. 어쩌겠는가, 이게 지금의 현실인걸.

　　　　주문한 생맥주 잔의 공간이 빌 때면 소주로 그 곳을 콸콸 채우며 어르고 달래던 그 날 감자탕집부터 공원을 거쳐 먹태집까지 이어진 선배의 부동산 이모저모는 2차를 끝내고 나와 담배를 한 대 태우며 나지막이 꺼낸 형의 안타까움의 나지막한 한 마디로 마무리 되었다.

　　- 그러게 형이 그 때 사라고 했잖아

글이 잘 안 나와도 일단 노트북 앞에 앉아 있어
- 신정네거리에서 닭볶음탕과 갑오징어숙회

- 다음 주 북페어 준비는 잘 되어가니?
- 아 맞네 벌써 다음주네.
- ...;; 오늘 재택? 출근?
- 재택이요. 끝나고 그리 넘어가요?
- 그려 이리 그럼 넘어와.

본업에 충실하다보니 잠시 잊고 있었다. 북페어 나가기로 했었지. 북페어를 본격적으로 준비할 때마다 늘 정현 작가와의 사전 회의를 빙자한 술자리를 갖곤 했다. 이번도 여느 때와 다름없었다. 작업하고 있던 엑셀 파일을 정리하고 노트북을 닫았다. 집에서 입던 반바지 차림으로 모자만 하나 눌러쓴 채 밖으로 나섰다.

퇴근하는 사람들로 가득 찬 버스를 타고 20분쯤 가면 어느덧 목적지인 신정네거리에 도착. 그를 알기 전까지는 알지도 못하고 들러볼 생각도 없었던 이 곳. 조금은 어수선한 신정네거리역 사거리에서 한 블럭만 들어오면 외벽 타일도 군데군데 이가 빠진 오래된 상가 건물 사이로 좁고 긴 시장이 자리하고 있다. 약속 시간보다 조금 일찍 도착하여 시장 안을 구경했다. 가게마다 시장골목 반절은 차지할 만큼 커다랗게 펼쳐놓은 매대 위 알록달록한 대야들에 담긴 양파, 배추, 무, 상추, 가지, 고구마, 감자를 구경하다가 갑자기 훅 들어오는 고소한 들기름 냄새에 한껏 더 허기가 졌다. 주린 배를 부여잡고 시장을 나서면 바로 복개천 먹자골목의 시작. 뜨내기 하나 없을 것 같은 농도 짙은 향토적 분위기. 그리 길지도 않은 그 짧은 먹자골목 정중앙에 있는 오래된 실내포차가 그 날의 약속장소였다.

- 어, 왔니?
- 시켰어요?
- 어, 앉기 전에 소주 하나 꺼내올래?

정현 작가는 먼저 들어와 구석에 자리를 잡고 이미 주문을 한 상태였다. 이 곳의 대표메뉴인 닭볶음탕. 저렴한 가격에 맛도 훌륭해 이 근방의 사람들은 모르는 사람이 없다. 중학교 이후로 신정동에서만 쭉 살았던 그 역시 그의 고등학교 친구들과 성인이 되어 이 곳에서 삼삼오오 모여 추억을 쌓았다고 했다.

그 곳은 앉자마자 양푼에 담긴 오뎅국물에 석판 위로 조기 구이 두 마리가 기본으로 나오곤 했다. 주문한 안주가 나오기 전까지 술을 기다리지 말고 일단 먼저 시작하고 있으라는 사장님의 혜안일까. 금새 신이 나서 소주 뚜껑을 경쾌하게 열었다. 잔을 채우고 짠.

여행작가인 그와는 각자가 쓴 책의 독자와 작가였다가 서로 그리 멀리 살지 않는다는 것을 알고 종종 술을 한 잔 기울였다. 작가의 삶에서 오는 깊고 넓은 고민들은 나눌 수 있는 그는, 평소에는 잘 드러내지 않는 작가로서의 나를 가장 잘 아는 이였다.

- 와, 요즘 진짜 바쁘다. 어제도 자정 넘어서 들어왔어.
- 거의 매일 저녁마다 강연 있는 거죠?
- 응, 어제는 OO서점에서 엽서북 클래스 했고.
- 오늘은 없고... 내일은 또 있어요?
- 내일은 파주에 강연 있고, 주말엔 군산 가서 강연하고.

책의 계절 가을이 코 앞으로 다가오자 그는 물밀듯이 들어오는 일정을 소화하기에 정신이 없었다. 그 다음주에 있을 북페어도 수많은 일정 중 하나였다. 회사일을 하는 중간에 잠시 짬을 내서 북페어에 참가하는 나와 달리 그는 대목이었던 그 가을을 쉬이 보내줄 수가 없었다. 코로나로 열리지 못했던 강연과 행사들이 다시 시작되었고, 동시에 준비하는 신간들도 늦지 않게 착착 준비되어야 했다.

주문한 닭볶음탕이 나왔다. 이미 다 익혀진 상태에서 나오기에 적당히 덥혀질 정도로만 버너에 불을 올렸다. 준비하는 시간을 쓰다가 술 마시러 나온 그 역시 나처럼 배가 고팠기에 본격적인 대화에 앞서 잘 익혀진 닭다리 하나를 집어들었다. 한 입을 베어무니 살이 결을 따라 쭉 찢혔다. 칼칼한 국물이 살 깊숙한 곳까지 배여 맛이 일품이었다. 그 사이에 소주 한 병이 이미 동이 났다. 매콤달짝한 맛에 이마엔 어느덧 땀이 송글송글 맺혔다.

- 너는 이번엔 신간은 따로 없고, 있는 책들 들고 가야지?
- 그래야죠? 그래서 사실 딱히 준비할 게 없기도 해요.

북페어를 여러 번 나가다보니 특별히 준비할 만한 것들이 없긴 했다. 그러나 규모가 크고 유명한 북페어라면 그 시기에 맞춰 신간을 출간해 들고 나가는 작가들도 많았다. 팔로우 중인 작가들의 인스타그램에는 안 그래도 다음 주에 있을 북페어에서 신간을 공개한다는 소식이 전해졌다. 정현 작가도 그럴 예정이었다.

- 이번에 신간 같이 들고 나갔으면 좋았을텐데...
- 다음 책은 쓰고는 있어? 언제 출간 예정인데?
- 올해는 그른 것 같고... 내년 초 봐야 할 것 같아요.
- 내년에도 행사는 많으니까 준비 잘 해봐.
- 그래야죠. 그런데 일하면서 쓰기가 참 쉽지 않네요.

그는 작가로서의 삶을 시작하기 위해 오래 다니던 회사를 그만두었다. 첫 책을 시작으로 그는 무서운 기세로 계속 책을 출간하며 '과연 책으로 벌어 먹고 살 수 있을까?'라는 커다란 질문에 답을 찾아가고 있었다. 그렇게 스스로 넓혀간 세계에는 어느덧 수없이 많은 독립서점과 작가들, 북페어, 강연들이 자리했다. 작가라는 호칭을 공유하지만 그것이 아직 본업이 아닌 내게 있어서 그는 아스라이 꿈꾸는 훗날의 소실점이었다.

가장 마지막으로 출간한 책이 차츰 책방들의 서가에서 사라져가던 무렵, 나 역시 한 몸뚱아리 건사해보고자 본업과 여타 제반 활동으로 바쁜 나날을 보내면서도, 작가라는 업이 일생 어느 짧은 순간의 추억으로만 남겨지고 싶진 않아서 다음 책을 위해 한 문장, 한 문단씩 써보자 마음 먹었다. 작문을 오랫동안 쉬었더니 원고파일 속 단어와 문장은 둔탁하기 짝이 없었다. 카페에서 두 시간을 앉아 있는 동안 한 문장밖에 쓰지 못하고 자리를 뜨는 경우도 있었다. 작가라는 일은 이제 더 이상 나에게 맞지 않는 걸까?

정현 작가와 술 한 잔 하던 그 날 역시 마음처럼 따라주지 않는 원고 작업에 스트레스가 가득해 가벼운 푸념을 늘어놓던 나였다. 이야기를 가만히 듣던 그가 말했다.

- 글이 잘 안 나와도 일단 노트북 앞에 앉아 있어.

그의 말처럼 답은 사실 정해져 있었다. 엉덩이를 오래 붙이고 앉아서 썼던 문장들을 수없이 읽어보며 자연스럽지 않은 단어를 바꿔 끼우고, 엊그제 완성한 직전 문단 한 뭉치가 전체적인 흐름에서 살짝 빗겨가고 있다면 통째로 날려버리고 새롭게 쓰는, 섬세하고도 투박한 작업들을 반복하는 것 외에 다른 방도가 없었다. 그러다가 도저히 진척이 없어 답답하다면 잠깐 일어나 기지개 한 번 펴고 시원한 커피 한 모금을 마신 후, 다시 의자에 앉아 엉덩이를 고정하는, 밋밋한 루틴의 반복. 기억을 더듬어보면 이전에 냈던 책들도 그런 축적된 시간의 산물이었다. 내일 노트북 앞에 앉아 원고를 열면 또 좋은 글이 나오겠지- 매달린 굴비를 하염없이 쳐다보듯, 관조적인 희망 한 두름을 마음 한 켠에 두었다.

닭볶음탕도 다 먹었겠다, 자리를 옮기기로 했다. 닭볶음탕이 매콤해서 였는지 알싸한 막걸리 생각이 났다. 실내포차 근처에도 주막이 몇 군데 있었으나 잠깐 소화도 시킬 겸 조금 떨어진 막걸리집에 가기로 했다.

어머니와 아들이 운영하는 그 막걸리집에는 수없이 많은 종류의 막걸리가 있었다. 메뉴판으로 사용되는 아이패드에는 사장님의 섬세함이 돋보였다. 달지 않은 맛, 신 맛, 단 맛, 상큼한 맛 등의 직관적인 분류와 각 막걸리의 맛에 대한 상세한 설명이 적혀 있었다. 그래서 그 곳은 늘 손님들로 북적였고 대기하는 팀들도 더러 있었다.

막걸리를 고르라는 정현 작가의 말에, 그 날은 신 맛의 막걸리가 구미에 당겼다.

- 금정산성 막걸리 갈까요? 오늘 신 게 땡기네요.
- 작가님, 글이 잘 안 나와서 기분이 시큼하신가봐요?! ㅋ

무겁고 진지한 대화 뒤에는 언제나 그랬듯 곧바로 시큼한 희롱과 풍자의 향연. 한껏 깊고 진했던 입안도 씻어낼 겸 안주도 그 날의 계절메뉴로 소개되었던 갑오징어숙회를 주문했다.

먼저 주문한 막걸리가 무려 얼음 바구니에 담겨 나왔다. 막걸리 마지막 한 방울까지 시원하게 즐기라는 사장님의 배려가 물씬 느껴졌다. 잔에 가득 막걸리를 채우고 안주 없이 한 잔을 시원하게 비우며 막걸리의 시큼한 맛에 원고에 대한 근심과 걱정도 모두 흘려보냈다. 원고 앞에 앉아 썼다 지웠다를 반복했던 빈도와 시간은 나를 배신하지 않겠지. 그러다 결국 어떻게든 좋은 글은 완성되겠지.

- 새로 낼 책에 글은 몇 편 정도 들어가?
- 15편 정도에 페이지로는 200페이지 조금 안될 거에요. 이미지도 중간중간에 넣어서 4도 인쇄 하려구요.
- 뭐 기획은 다 있으니까, 쓰기만 하면 되네.
- 지금 막힌 부분만 지나면 금방 끝낼 것 같기도 해요.

곧이어 갑오징어숙회는 채 썬 미나리, 청양고추, 오이와 함께 접시에 담겨나왔다. 숙회를 찍어 먹으라고 종지에 담겨온 초장도 있었으나 그 날 밤은 담백하게 마무리하고자 미나리와 오이 정도만 곁들였다. 좋은 한 권의 책을 쓰기 위해서는 그저 글을 열심히 되읽고 고치고 쓸 수 밖에 없는 담백한 묘수와 같이. 쫄깃했던 갑오징어숙회의 식감은 2차 내내 나누던 다음 나올 책의 이야기와 그에 대한 즐거운 상상을 돋구었다. 그 중간을 비집고 들어오던 시큼하고 건조했던 막걸리들의 행렬 – 송명섭 막걸리, 회양산 막걸리, 줄포 생막걸리... 각 한 병으로 마무리될 줄 알았던 2차는 잔뜩 오른 취기와 함께 그렇게 마무리되었다.

일주일이 훌쩍 지나 북페어가 다가왔다. 부스 테이블 위에는 기존에 출간한 두 종의 책과 책 소개 메모, 그리고 일주일 동안 부랴부랴 준비한, 쓰고 있던 신간의 샘플 원고를 전시해 두었다. 적지 않게 팔아야 이미 지불한 참가비의 본전이라도 건지는 그 북페어에서 내 부스 테이블 위에는 이미 출간한 두 종의 책보다도 샘플원고 인쇄물들이 명당을 차지하고 있었다. 판매가 아닌 존재의 이유로, 과거형이 아닌, 현재진행형의 작가로 비춰지고 싶어서였을까. 부스 앞을 기웃거리던 행인들과 작가들이 가끔씩 샘플원고를 들추어보았다. 내적 미소가 차오르던 그 때, 한 작가가 말을 건넸다.

- 작가님, 이 책 언제 나와요? 나오면 저 꼭 알려주세요.

생각이 많은 건 좋은거야
- 판교에서 꼼장어와 조개탕

외투가 없이는 쌀쌀했던 어느 봄밤, 일과를 마치고 한강을 따라 음악을 들으며 산책 중이었다. 요 며칠 코로나 확진자는 연일 최고 기록을 갱신하고 있었다. 밤 10시면 문을 닫는 음식점들과 잇따른 확진자 발생으로 회사도 재택근무가 이어졌고, 잡힌 약속도 줄줄이 취소되었다. 그렇다고 먼저 누구에게 연락을 하는 편은 아닌 성격에 자연스레 혼자 밖을 걷는 시간들이 많아졌던 시기. 그러다가 듣던 음악이 잠시 멈추고 전화 한 통이 걸려왔다. 기태 형님이었다.

- 아이고 형님 오랜만이네요
- 어 환아 지금 통화 괜찮아?
- 네네 산책하고 있어요.
- 그래? 나도 산책 중인데. 음식물쓰레기 내다버리고.
- 그랬구나. 둘째 나오고 정신없으시겠어요.

석 달 전쯤 둘째를 출산하고 걸려온 그의 첫 전화였다.

그렇게 코로나 시기에 아프지 않고 안녕하냐는 안부와, 쉽지 않았던 출산에 대해 잠시 이야기하다가, 형님이 물었다.

- 다음 주에 시간 괜찮아? 맥주 한 잔 할까?
- 전 괜찮은데... 형님 괜찮아요?
- 괜찮아. 와이프한테 얘기만 미리 해놓으면 돼.
- 그럼 형님 계속 재택하시니 제가 그 쪽으로 갈게요.

그렇게 잡은 약속 날, 업무를 마치고 판교행 전철에 몸을 실었다. 그는 업무가 많아 7시 반은 되어야 나올 수 있다고 했지만, 나는 조금 더 일찍 판교에 도착했다. 역 바로 앞 백화점 식품관에서 먹기에 아까울 정도로 예쁘게 생긴 디저트 한 박스를 샀다. 아기 용품을 직접 고르기엔 자신이 없어 선택한 약소한 출산 축하 선물이었다. 들고 온 배낭에 바로 선물상자를 넣었다.

만나기로 한 횡단보도 앞에서 형님을 만났다. 늘 그랬듯이 악수와 큰 포옹으로 인사. 쓰고 있던 KF94 마스크가 풀려서 아차 싶었으나 형님이 다독였다.

- 환아 괜찮아 그냥 마스크 벗자.

언제나 그랬듯 웬만한 일에 늘 괜찮다고 말해주던 그였다.

처음은 아니었지만 여전히 낯선 판교역은 한 때 환상과도 같이 느껴졌던 곳이었다. 변변치 않은 잔재주로 그나마 판교에 있는 어떤 IT 회사에서 내 밥벌이는 해볼 수 있지 않을까 싶던 생각과 함께 나중에 돈을 벌어 처자식과 알콩달콩 이 근처 어딘가에 산다면 더할 나위 없겠다 싶은 생각이 공존했다. 그리고 사실, 그건 응축된 나의 욕망이자 나 외에도 모두가 바라던 바였다. 선망의 대상이지만 또 한없이 멀게만 느껴지던 곳이 바로 판교였다.

- 판교 처음 와 봤어?
- 아뇨 전에 외근 이 쪽으로 가끔 왔었어요.
- 그랬구나. 그나저나 뭐 먹을래?
- 추천 메뉴 있어요?
- 음... 너 꼼장어 먹어? 꼼장어 먹을래?
- 오 좋아하죠. 꼼장어 먹으러 가요.

빌딩들을 지나 천변에 위치한 한 상가건물 1층에 위치한 꼼장어집으로 향했다. 동네 유명 맛집인지 사람들이 바글바글했다.

- 여기 괜찮아? 여기서 먹을래? 나 걱정 말고...
- 아 네네, 여기서 먹어요.

거듭 괜찮다고 하니 더 이상 감염을 걱정하지 않기로.

야외에도 테이블이 있었으나 이미 자리가 모두 찼기에 실내에 자리를 잡고 산꼼장어 2인분을 주문했다. 빨갛게 달궈진 숯이 화로로 입장하고 밑반찬이 테이블 위로 깔리기 시작했다. 우리 테이블 옆에선 우리가 주문한 꼼장어가 허물이 벗겨진 채 꼬물대며 석쇠 위에 구워지고 있었다. 가수 신해철의 노래 '민물장어의 꿈'에 등장하는 민물장어만 생각하면 늘 아찔할 만큼 가슴 깊은 구석이 쿵 메는데 왜 산꼼장어의 꿈틀거림은 늘 아찔할 만큼 식욕을 돋굴까. 점잖이 카스 하나와 진로이즈백 하나를 주문해 소맥 한 잔을 말았다. 건배와 함께 원 샷.

　　- 아이고 형님~ 출산 다시 한 번 축하합니다~
　　- 고맙네~

　　이전에 다니던 회사에서 알게 된 기태 형은 유독 나를 많이 챙겼다. 그 회사에 입사해 일 처리도 어수룩해 여러 사람들로부터 뭇매를 맞으며 잘 적응을 못하고 있을 때, 그는 늘 나를 보호했다. 일부러 회사 사람들 모임에 나를 데려가서 '진짜 애 괜찮다니까'를 시전하곤 했다. 그 덕분에 차츰 그렇게 회사에도 적응해 갔고, 점점 그와 살아가며 겪는 다양한 이야기를 나눴다.

　　- 원래 꼼장어 좋아해?
　　- 아, 그럼요. 같이 먹을 사람이 많이 없어서 그렇죠.

그 사이에 꼼장어가 모두 구워져 나왔고, 오동통한 살집이 군침을 삭 돌게 했다. 머리부터 꼬리까지 이어진 꼼장어의 힘줄이 잘게 자른 마디마다 양옆으로 톡 튀어나온 것이 처음 꼼장어를 먹을 때는 거부감이 들었지만, 꼬들한 식감에 차츰 적응해갔다. 깻잎을 뒤엎어 그 위로 꼼장어 한 점과 쌈장을 듬뿍 찍은 마늘을 올렸다. 짭조름하고 고소한 꼼장어의 식감에 나도 모르게 눈을 질끈 감았다. 가득 채워진 소주잔을 들고 짠-

- 일은 좀 어때? 재밌어? 할 만할 것 같은데
- 처음엔 적응하느라 정신없었는데, 이제는 좀 괜찮아요.

새로운 회사에 들어간 지 갓 두 달 정도 되었을 때였기에 그는 내 회사의 분위기나 사람들, 하고 있는 일에 대해 궁금해했다.

- 환아 너는 그래서 거기가 어때? 마음에 들어?
- 네 이 정도면 괜찮은 것 같아요.
- 다행이네. 내가 봤을 때 거기서 너 진짜 잘 할거야.
- 말씀만이라도 감사하죠.

늘 그랬듯 무엇보다도 그가 궁금해 했던 것은 '나'였다. 대화의 끝에는 항상 내 생각을 물었고, 나 스스로 답을 찾아가게끔 했다. 그리고 마지막엔 꼭 격려를 아끼지 않았다.

꼼장어가 석쇠에서 반 쯤 사라졌을 때 주문했던 조개탕이 나왔다. 커다란 양푼이에 팔팔 끓여 나온 조개탕은 동죽의 감칠맛과 청양고추의 칼칼함이 잘 어우러졌다. 쌀쌀해지던 깊은 봄밤에 몸과 마음을 덥혀 주며 개운한 기분이 드는 것이 마치 일본의 어느 노천온천과도 같았다. 그리고 그 탕국의 그윽함에 소주 한 잔 따라가지 않을 수 없었다.

- 환이 너가 이제 몇 년차야?
- 한 7년차 정도 되는 것 같아요.
- 와, 벌써 그렇구나. 너 신입 때가 엊그제 같은데.
- 그러게요. 사실 뭐 딱히 한 것도 없는데.
- 왜, 그 동안 책도 두 권이나 쓴 작가님이신데.
- 하하, 그건 그런데, 그 동안 돈도 많이 못 모았고. 하나둘씩 결혼해서 자리잡는데 아직 그러지도 못했고. 코로나 때문에 집에 있으면서 요즘 생각이 많아지네요.

조개탕 한 숟갈에 소주 한 잔으로 빗장이 열리며 무심결에 툭 던져버린 속마음에 잠깐 아찔했다. 아, 괜히 이야기를 심각하게 만드나- 푸념을 뱉어낸 후 분위기를 배렸다 생각하고 있던 중 기태 형이 한 마디를 툭 건넸다.

- 환아, **생각이 많은 건 좋은거야.**

그는 조개탕 국물만큼이나 개운했던 한 마디를 던지고 잠시 자리를 비웠다. 은은하게 올라오던 취기에 나는 손으로 턱을 괴고 그 동안. 물끄러미 바깥을 보며 미소 지었다. 돌아보니 그랬다. 하루하루 살아가기 바빴던 신출내기 때, 까마득히 잘 보이지 않던 어떤 미래에 가끔은 손을 더듬어가며 낯선 길에 발걸음도 옮겨도 보고, 좀처럼 달라지지 않고 지체된 것 같은 오늘에 멍하니 불 꺼진 학교 운동장을 한 바퀴 걸으며 가득 차 버린 생각에 혼란했던 그 시간들은 의미가 없었다고 하기엔, 나는 지금 여기 있고 그 모든 순간이 나를 만들어왔다. 그 때의 그리던 미래의 모습과는 다르지만 이 세상에서 무언가 역할을 하고 있다.

- 여긴 내가 계산했어. 여기까지 와 줬는데 내가 사야지~

그는 자리를 비우는 동안 이미 계산까지 마쳤다. 둘째도 있으니 이제 돈이 들어갈 곳도 더 많을텐데, 괜히 미안했다. 더구나 코로나로 식당들이 늦게까지 영업하질 못하니, 2차를 가서 간단한 맥주 한 잔 조차 대접할 수도 없었다.

- 잘 먹었어요 형. 2차 대접하고 싶은데 그러지도 못하네.
- 아니야~ 무슨. 아니면 저 편의점 앞에서 캔맥 하나 할까?

일찍 고요해지는 어느 봄밤의 노상 맥주, 찬란함 그 자체.

시끌벅적했던 식당가들이 이미 모두 문을 닫아 어두워진 거리 한 켠에 유일하게 간판에 불을 켠 채 제 자리를 지키던 편의점 하나. 가격대가 있는 수입맥주지만 네 캔을 사면 만원이라는 훌륭한 특전이 있음에도 각자 한 캔만으로도 괜찮았다. 그는 그가 좋아하던 라거를 찾다가 스텔라아르투아를 골랐다. 늘 깔끔하고도 균형있는 그 라거 맥주는 꼭 그를 닮은 것 같았다. 나는 구스아일랜드 IPA를 집어들었다. 그가 라거와 같다면 난 도수도 높고 쓴맛과 단맛 모두 강한 IPA에 가깝지 않을까. 사유의 도수가 높은만큼 살아가는 동안 쓴맛과 단맛도 번갈아가며 반복되는, 다이나믹한 리듬과 같이.

- 참, 형 드릴 거 있어요.
- 아휴 뭘 이런 걸 또 사왔어.
- 애기 꺼는 제가 고를 자신이 없어서, 단 거 조금 샀어요.
- 고마워 잘 먹을게~ 와이프하고 첫째가 좋아하겠다.

백화점에서 선물로 산 디저트를 건네며 그렇게 편의점 앞에서 두런두런 이야기를 더 나누었다. 가까운 미래에 아마 다가올 수도 있을 선택의 기로에 대해, 크고 머나먼 목표에 대해. 그런 중에 시간은 많이 지나 막차를 위해 자리를 떠야 했다. 만났을 때와 같이 가벼운 포옹 후 그는 마지막 한 마디를 건넸다.

- 환아 잘 하고 있어. 너무 걱정 하지 마~

병 하나에 추억과

안녕하세요 김 상, 잘 지내죠?
- 충무로에서 돼지갈비와 꼬막

평소에 잠잠하던 라인 메신저에 알림이 와 있었다. 연락이 올 사람은 한 명 뿐. 일본에 사는 일본인 마츠다 상였다.

- **안녕하세요 김 상, 잘 지내죠?** 다음 달에 한국에 갑니다. 시간이 가능하다면 저녁에 술 한 잔 어떤가요?
- 안녕하세요! 오랜만입니다. 잘 지내셨죠? 언제 오시나요? 출장으로 오시나요?
- 여행으로 갑니다! 11월 초 목요일부터 일요일인데, 날짜는 확인 후 전달합니다. 단풍 여행을 갑니다.
- 그렇군요, 기대됩니다. 그럼, 연락 부탁드립니다!

사람의 인연이란 참 신기한 법. 대부분 2년을 주기로 만나는 그를 알게 된 지도 어느덧 10년. 이따금씩의 연락은 늘 반가웠다.

일본 나고야에 사는 그를 알게 된 건 예전에 친구들과 떠났던 방콕 여행에서였다. 해변을 다녀오는 하루짜리 투어를 떠났던 그 투어그룹에 우연히 그도 그와 함께 온 직장 동료와 함께 속해 있었다. 투어를 마치고 돌아오는 차 안에서 우리 일행 중 한 명이 갑자기 심한 복통을 호소하며 응급상황이 발생하고 말았다. 의사소통도 어렵고 어린 나이에 셋 다 어리숙했던 탓에 어쩔 줄 몰라 하던 중 그가 빠른 판단으로 우리를 먼저 병원에서 내릴 수 있게끔 상황 정리를 해주었다. 그의 도움에 감사인사를 건네며 그의 명함을 건네받았다. 그는 나고야에 올 일이 있음 편하게 연락을 달라고 했다. 그럴 일이 설마 있겠어- 하고 여행에서 돌아온 뒤 그를 까마득히 잊어버렸다.

그리고 몇 달 뒤, 운이 좋게도 여행할 여유가 생겨 태어나 처음 일본으로 혼자 여행을 가게 되었을 때, 문득 그의 명함이 생각이 났다. 혼자 나고야를 돌아보다가 중간에 그와 커피나 한 잔 하면 좋겠다 싶어 보낸 메일의 답장으로 그는 장문의 내용을 적어보냈다.

- 김 상, 일본 첫 여행으로 나고야에 온다니 반갑네요. 여행일정이 어떻게 되나요? 나고야 시내도 좋지만, 나고야 근교에는 좋은 여행지가 더 많습니다. 김 상의 일정을 알려주면, 저의 스케줄을 확인합니다. 제 차로 근교를 여행하는 것이 좋다고 생각합니다.

그렇게 나의 첫 일본 여행은 그로 인해 아름다웠다.

그가 한국으로 여행을 오겠다던 11월에는 이미 전국의 산마다 단풍이 한창이었다. 그러고보니 처음 일본을 갔던 그 때도 일본의 산에는 단풍이 가득했다. 그가 속한 산악회의 목적지가 하필이면 내장산이었기에, 그는 일정을 마치고 서울에서 묵는 마지막 밤에 나를 호출한 것이었다. 그 날 퇴근 후 약속 시간에 맞춰 그가 묵는 명동의 한 호텔 로비에 도착해 그를 만났다.

- 김 상, 안녕하세요. 오랜만입니다.
- 안녕하세요, 잘 지내셨죠? 내장산 여행은 어떠셨습니까?
- 정말 좋았습니다. 단풍도 아름답고, 날씨도 좋았고요.
- 다행이네요. 저녁은 무엇을 드시고 싶으십니까?
- 뭐든 좋습니다. 소주 한 잔 같이 마십시다.

이미 몇 차례의 만남으로 알고 있었다. 그가 가장 좋아하는 한국요리가 무엇인지를. 일본에서 같이 술 한 잔 기울였던 한국식 주점에서도, 이전에 부산으로 그를 모시고 여행을 갔을 때도 그가 항상 찾던 바로 그 메뉴.

- 그럼 돼지갈비 어떠십니까?
- 아, 좋습니다. 근처에 돼지갈비 가게가 있습니까?
- 물론입니다. 검색해 본 맛있는 가게로 안내하겠습니다.
- 부탁드립니다.

간판으로 가득하고 북적한 명동에서 식사를 하자니 영 내키지가 않았다. 어차피 그의 산악회 일행들은 명동 거리 내에 외국어로 써 있는 친절한 메뉴판과 외국인들에게도 입맛이 잘 맞을 프랜차이즈 요리, 그리고 편안한 좌석이 구비된 곳들을 찾아 나섰을 것이다. 나는 그에게 만큼은 서울의 진짜배기를 소개해주고 싶었다.

　　　왕복 8차선의 넓은 삼일대로를 건너자 명동과는 사뭇 다른 분위기의 충무로에 접어들었다. 좁은 골목들 안으로 셔터를 내린 작은 인쇄소들이 촘촘히 들어선 곳. 책을 쓰고 펴내는 작가라면 한 번쯤은 이 곳에 자욱한 잉크 냄새 한 번 맡아보았을 것이다. 새벽부터 바쁘게 돌아가는 충무로 인쇄소 골목 사이로, 오랜 인쇄소들과 함께 시간을 나누어 온 노포 식당들과 시장이 있다. 비록 인쇄소의 셔터는 내려간 시간이지만 그럼에도 서로의 빗장을 풀어헤쳐 정답게 시간을 나누는, 그런 분위기에서 그와 소주잔을 부딪치고 싶었다.

　　　그렇게 찾아낸 식당은 어느덧 40년 가까이 된 허름한 노포였다. 일본 여행 때도 노포 선술집들로 나를 데리고 다닐 만큼 털털하고 정겨운 분위기를 좋아했던 그는 그 곳이 마음에 든 듯 했다.

　　　- 김 상, 이 가게 정말 오래되었군요. 재미있네요.
　　　- 그렇죠? 40년이나 되었다고 합니다.
　　　- 에-? 대단하네요... 자, 그럼 주문을 해볼까요?

돼지갈비 2인분을 주문하고 기다리는 동안 밑반찬이 깔리고, 사장님께서는 고소한 김가루가 뿌려진 뽀얀 야채죽을 먼저 내어주셨다. 술을 마시기 전 속을 미리 달래고 있으라는 주당들을 향한 배려가 마치 일본에서 내게 한없이 베풀어주던 그 상냥함과도 같았다. 일본에서는 죽을 접할 일이 별로 없는지 이것이 무엇이냐고 묻는 마츠다 상에게 간혹 식당에서 술꾼들의 속을 달래주기 위해 이렇게 죽이 나온다고 말하자 그는 환호했다. '에- 혼또? 스고이네-*'

가스불에 초벌이 되어 나온 돼지갈비가 전기불판에 올려지기 시작했다. 고기가 타지 않게 자주 뒤집으라고 하시는 사장님의 당부말씀과 함께 뚝배기에 된장찌개가 가득 담겨 나왔다. 시원한 소주도 등장했으니, 일단 시작해보기로.

- 김 상은 어떻게 지내나요? 지금도 그 회사에 다니나요?
- 네, 같은 회사입니다. 일은 괜찮아요.
- 그렇군요. 김 상이 올해 몇 살이죠?
- 서른 둘입니다.
- 김 상, 아직도 젊군요. 처음 우리가 만났던 때가 언제죠?
- 아마 8년 전 정도 이었던 것으로 기억합니다.
- 벌써 그렇게 되었군요. 시간은 참 빠르네요.

그 사이에 그도 나도 나이 앞자리가 바뀌어 있었다.

_{*에-혼또? 스고이네-: 아-진짜요? 대박이네요-}

대화를 나누는 동안 어느새 갈비가 모두 익었다. 너무 달지 않고 적당히 간이 배어 슴슴하니 괜찮았다. 한두 점 정도를 먹고 나니 그에게 한국의 쌈을 맛보여주고 싶었다. 상추에 고기 한 점과 파채, 쌈장 찍은 마늘 하나를 올린 쌈을 하나 만들어 그에게 보였다.

- 한국에서는 고기를 먹을 때 이렇게 쌈을 싸서 먹습니다.
- 오, 그렇군요. 어떻게 하는 거죠?
- 상추를 손바닥에 올리고 이렇게 위로 겹겹이 쌓습니다.
- 잠시만요... 무엇무엇이었죠?
- 여기 고기, 파채... 그리고 마늘은 쌈장에 찍으세요.
- 네, 다 됐군요. 음... 정말 맛있네요. 멋집니다.

　　그렇게 인생 첫 고기쌈을 조우한 그는 바로 소주잔을 치켜 올렸다. 비워 낸 소주잔에 다시 소주를 채우며 시작된 옛날 이야기.

- 김 상, 이전에 나고야는 몇 번 왔었죠?
- 세 번 갔었던 것 같네요.
- 세 번이나 왔었군요. 일본 다른 곳들도 가봤나요?
- 오사카에 한 번 가봤습니다. 다른 곳들은 안 가봤어요.
- 그렇군요. 지난 번에 나고야에 왔을 때는 어디에 갔죠?
- 아마... 이즈에 갔었던 것 같네요. 그 때 유람선도 탔죠?
- 아, 맞아요 그랬네요. 그 때도 재미있었어요.

그렇게 각자 한국과 일본을 여행하며 있었던 에피소드들을 꺼내며 휴대폰에 저장된 그 때의 사진들도 다시 찾아보고, 여행 중에 만났던 그와 나의 지인들은 요즘 어떻게 지내는지 물었다. 나고야에 갈 때마다 그를 따라 들렀던 오래된 선술집은 아직 잘 있었다.

- 일본에는 여기처럼 오래된 식당들이 많아서 좋습니다.
- 좋지요, 한국에는 오래된 식당들이 많습니까?
- 개발을 하며 점점 사라지고 있습니다. 아쉬워요.
- 그렇군요. 그건 일본도 마찬가지입니다.

내가 일본에, 그가 한국에 살고 있지 않기에 여행을 통해 경험하고 느꼈던 그 곳들이 한낱 추억으로만 남기에는 아쉬운 건 모두에게 매한가지.

- 다음에 서울에 올 때도 이 곳이 있었으면 좋겠네요.

소멸과 생성이 분주하게 일어나는 도시에서 쉽지 않은 바람이지만 혹시나 이 다음에도 같은 모습과 분위기로 그 장소들을 마주하게 된다면 더없이 반갑지 않을까. 각자 마지막 남은 갈비살을 야무지게 뜯어내고 자리에서 일어섰다.

- 김 상, 소주 한 잔 더 괜찮습니까?

날이 저물며 쌀쌀해진 가을 바람에 불꺼진 충무로 골목들을 지나 도착한 곳은 인현시장 먹자골목이었다. 골목에는 그 어떤 하나 세련되지 않은, 구수한 술집들만이 가득했다. 바람이 찬 편이었지만 그래도 노상에 깔린 테이블에 앉아 술 한 잔 걸치기엔 적정하여 어느 포차에 자리를 잡았다.

모듬전, 해산물, 생선찜, 탕, 볶음요리 등 수없이 많은 메뉴판 중 유독 눈에 들어오는 메뉴 – '아무거나'. 살면서 선택이 어려운 경우에는 '아무거나' 해보는 것도 좋듯이.

- 마츠다 상, '아무거나'라는 메뉴를 주문해볼까요?
- 그래요? 그럼 '아무거나' 부탁드립니다.

주문했던 '아무거나'로 그 날은 꼬막이 등장했다. 맞네, 어느덧 꼬막철이 되었군- 접시에 한가득 담겨온 꼬막에 양념간장을 고루 펼치고 그 위로 편을 썬 청량고추와 고소한 깨가 뿌려져 있었다.

- 김 상, 이게 무엇입니까?
- 꼬막입니다. 일본에는 없습니까?
- '꼬막'이요? 음, 처음입니다.
- 그렇군요. 한국은 지금 꼬막을 먹는 계절입니다.
- 이해했습니다. 한 번 도전해봅니다.

- 맛있네요 김 상. 나고야에 돌아가면 마마짱에게 꼬막을 부탁해야겠어요.

쫄깃한 꼬막 식감에 짭조름한 간장맛이 그는 마음에 든 듯했다. 꼬막의 본산 고흥에서 올라온 꼬막이라니 그럴 수 밖에. 돌아가면 그의 단골 술집 주인인 '마마짱'에게 꼬막을 부탁할 요량이었다. 꼬막을 안주 삼아 소주잔을 채우고 비우며 취기가 슬슬 올라왔다.

- 김 상, 지금까지 계속 연락을 하고 만날 수 있어 좋네요.
- 저도요. 제가 매번 일본에 가서 신세만 지는 것 같네요.
- 아닙니다. 덕분에 저도 멋진 곳들을 여행합니다.
- 다음에 또 한국으로 놀러오세요.
- 다음에는 김 상이 일본으로 올 차례입니다, 하하.

가늘고 긴 인연은 또 이 다음을 희미하게 약속하게 한다.

쌀쌀한 날씨에 취기가 더해져 급작스레 피곤해진 그를 발견하고는 자리에서 일어났다. 그의 호텔까지는 걸어서 갈 수 있는 거리였지만, 산행으로 지친 그를 택시에 실어보내는 편이 나았다. 택시기사님께 선불을 지불하고 문을 닫기 전 그에게 마지막 인사를.

- 오늘 즐거웠습니다. 다음에 일본에서 또 만나시죠.

나 다음주에 서울간다 니네 집에서 신세 좀 지자
- 등촌동에서 누룽지통닭과 해물찜

사무실에서 한창 일을 하고 있던 와중에 카톡 하나가 왔다. 알림창에 표시된 발신자와 미리보기 속 내용을 대충 확인하고 보통 일하는 중엔 여간해서는 바로 답장을 하지 않는 편이었는데, 간만에 반가운 이름이 등장해버리니 핸드폰으로 손이 가지 않을 수 없었다.

- 가리가리대가리
- ㅇㅇ
- 안 뒤지고 살아있네 나 다음주에 서울 간다
- 무슨 요일?
- 수요일. 다음 날 본사 교육 있음
- ㅇㅋ 방은 잡음?
- 아니 니네 집에서 신세 좀 지자 ㅋㅋㅋ
- ㅇㅋ

대충 언제 오고 어디서 묵는지를 물어봤으나 사실 어떤 답변이 돌아오든 그렇게 되게끔 조정을 할 참이었다.

근호는 고등학교 친구이나 막상 고등학교 시절엔 막역한 사이라 하기에는 애매했다. 고등학교 전까지는 살아온 궤적이 서로 달랐기에 학교생활을 하면서는 큰 접점이 없었다. 심지어 고등학교 2년 동안 같은 반이었음에도, 그 동안 큰 변화 없이 교실에 내 자리는 창가 쪽 앞자리였고, 그의 자리는 복도 쪽 맨 뒷자리였다. 대학입시라는 막중한 목표를 바라보고 마치 경마장의 말처럼 달려가던 나와, 그것을 크게 따르지 않던 그는 마치 서로소처럼, 성격도 가치관도 그 무엇 하나 공통됨이 없었던 '급우' 사이는 그렇게 졸업까지 이어지는 듯 했다.

한편, 나는 고등학교 시절 내내 몸이 약했기에 종종 수업 중 양호실이나 기숙사로 넘어가 안정을 취하곤 했다. 그러던 어느 날 시험을 치루던 중 나는 급작스레 호흡곤란 증세로 책상에 엎드린 채로 어쩔 줄을 몰라 하고 있었다. 내 주변 자리에 있던 친구들이 내 상태가 심상치 않음을 느꼈으나 시험 중인 상황인지라 어찌 해야 할지를 몰라 시험지에 집중하고 있던 듯 했다. 악화되어가는 상황에 선생님께서도 그제서야 상황을 파악하고 나를 깨운 직후, 저 멀리 앉아있던 동석이 갑자기 벌떡 일어나면서 소리질렀다.

- 아 씨발 니네 왜 얘 이 지경 되도록 가만히 냅뒀냐?!

그렇게 축 늘어진 나를 업고 양호실로 달려갔던 그 녀석.

그렇게 가늘게 이어진 선은 졸업 이후 서로 까먹지 않을 정도의 빈도의 교류로 맥을 이어왔다. 서울로 대학을 온 나와 몇 년 뒤 수원으로 대학을 간 그의 학교 기숙사를 서로 급습하며 몰래 가방 속에 넣어온 소주에 소박한 과자를 까먹거나, 명절이 되어 고향에서 머무는 기간이 겹치게 되면 당일 저녁에 급작스레 호출해서 아쉽지 않게 술로 목을 축이던, 정기적이진 않지만 늘 특이한 맥락으로 한 잔을 기울이곤 했다.

그러다가 그는 결혼 후 부산에 정착하게 되었다. 부산에서 직장을 구하고 인근 울산이나 대구 정도로 외근을 다니는 그의 활동 반경 상 더 이상은 서울에서도 고향에서도 그를 마주할 일은 없었다. 그렇게 드물어지던 흐름에 처음 반기를 든 건 나였다. 때마침 남은 휴가가 있어 부산을 다녀오려던 참에, 근호와 저녁이나 먹어야겠다 싶어 연락을 한 후 비행기를 타고 내린 김해공항 앞에 그는 와이프와 함께 픽업을 나와 있었다. 그 날은 그렇게 느닷없이 그가 자주 찾는 밀양의 몇몇 사찰들을 함께 구경하고, 그의 집 앞에서 회 한 접시에 대선을 주량 이상으로 비워냈다. 그런 그가 서울에 오면 뭐 기꺼이. 처음에 하루를 신세지겠다던 그는 이튿날 또 다른 카톡을 보냈다.

- 가리 이틀 밤 자도 괜춘?

쌉가능이지 임마.

그렇게 그가 서울로 오는 날, 그 날따라 잔업이 많아 늦게 퇴근을 하고 집 앞 지하철역 출구로 올라오니 큰 배낭을 맨 그가 서 있었다. 배고파 죽겠는데 왜 이리 퇴근이 늦냐며 만나자마자 찡얼거리던 그였다.

배고픈 그가 빨리 양껏 먹을 수 있을 동네 통닭집에 도착했다. 밤 9시가 다 된 시간이다보니 나오면 바로 먹을 수 있는 통닭이 최선이었다. 특히 이 통닭집은 직접 참나무를 장작삼아 구워낸, 철판 위로는 구수한 누룽지가 살포시 깔린 누룽지통닭을 전문으로 하는 곳이었다. 인근 화곡동에서 처음 시작해 인근 일대에 포진해있는, 어쩌면 강서구의 자랑인 그 누룽지통닭집. 가게 앞에서 직접 참나무 장작을 떼기에 그 앞을 지날 때마다 온화한 참나무 향이 행인들을 유혹한다.

기본인 누룽지통닭에 치즈나 파, 양파, 옥수수를 기호에 맞게 추가 토핑을 선택할 수 있는 이 곳에서 가장 많이 나가는 건 아무래도 콘치즈누룽지통닭이었다. 치즈 특유의 쫀득함에 더해서 옥수수의 아삭거림은 만인의 사랑이기 때문이겠다.

- 콘치즈 이거 먹을려?
- 뭔 콘치즈여 그냥 오리지널 먹어
- 그려 그럼 오리지널 시켜

역시나 일관성 있게 부차적인 그 모든 것들을 제껴 버리는 친구의 선택을 존중해보며 누룽지통닭과 소주, 맥주를 주문했다. 통닭을 기다리는 동안 깔리는 무와 양배추샐러드, 그리고 이 곳의 필살기 열무김치를 안주 삼아 시원하게 첫 소맥 한 잔을 비웠다.

- 너 내일 본사 교육 몇 시까지 가야되냐
- 한 9시까지만 가면 더

그와의 술자리가 점화되면 꺼지지 않는 불꽃처럼 좀처럼 사그라들기 어려울 것을 알기에 미리 방패를 쳐놓았다. 물론 방패는 늘 어떤 창을 찔러도 다 뚫렸지만. 다행인 건 그가 서울에 이틀을 있다가 가니 첫 날에 욕심을 부리진 않아도 된다는 것이었다.

그와 사는 이야기를 요모저모 나누다보니 어느덧 주문한 통닭이 도착했다. 퇴근하자마자 공항으로 달려가 비행기를 타고 와 밤 9시가 다 되어서야 식사를 시작한 그는 잠깐만 말 시키지 말라는 이야기와 함께 놀라운 속도로 제 속에 닭을 품기 시작했다. 어련히 배고팠을 그를 따라 나도 구수한 누룽지를 한 숟갈 뜨며 비어 있는 그의 소주잔을 채워주었다. 그렇게 순식간에 통닭을 반쯤 해치우고 난 그가 물었다.

- 가리 내일은 집 오면 몇 시여

혼자 친구를 만나러 먼 길을 와서 진득이 술 한 잔 기울인 적이 결혼 후 처음이었던 것일지, 아직 이튿날은 오직도 않았음에도 잔뜩 상기되어 있는 그의 익살스런 표정에 술은 더 달아지는 듯 했다. 술이 달았던 만큼 그 날은 통닭집에서 빠르게 먹고 근처 다른 곳으로 2차를 갔으나 기억이 희미했다.

이튿날 아침 다행히 아침 알람 시각에 맞게 일어나 근처 콩나물해장국 집에서 시원히 해장을 하고 각자 회사로 향했다. 그 날은 칼퇴가 가능한 날이었기에 저녁에 집으로 돌아와서 또 다른 맛집을 가자며. 그 날만큼은 업무에 초집중하고 퇴근 시간인 6시에 맞춰 회사를 나섰다.

교육이 일찍 끝난 그에게 먼저 집으로 들어가 쉬고 있으라 했기에 집으로 돌아오니 그는 어젯밤 거실에 깔아준 매트 위에 누워 유튜브를 보고 있었다.

- 아니 쉴 땐 그냥 침대에서 쉬지 왜 또 바닥에 있냐
- 아 괜찮어 빨리 나가자 배고파

길고 지루한 회사 교육을 마치고 그는 좌우지간 소주 한 잔을 빨리 하고 싶었던 것이었다. 다음날이면 부산으로 돌아가니 그 날은 일찍부터 두런두런 이야기도 나누고 싶었을테고.

마지막 밤인만큼 귀한 해물탕 집으로 향했다. 이미 TV에 종종 등장한 곳인만큼 자신있게 추천할 수 있었다. 몇가지 밑반찬이 깔리고 커다란 냄비에 꼼지락거리는 전복 몇 마리와 큼직한 가리비, 국물 속에서 빼꼼 제 집게를 드러낸 게 한 마리, 그리고 탱글탱글한 알고니, 그 외에도 소라, 새우, 각종 조개가 벌건 국물과 함께 나왔다. 냄비에 불을 올린 후 마지막엔 사장님께서 싱싱한 산낙지 한 마리를 송송 썰어 올려주시는 것이 화룡점정. 이런 귀한 요리에는 헛배부를 수는 없다며 우리는 해물탕 재료들이 모두 익을 때까지 기다렸다가, '드셔도 됩니다'라는 싸인과 함께 소주 한 병을 시켰다.

- 우리 가리가 일찍부터 술 마셨으면 좋았을텐데 말이여
- 그 때는 건강도 안 좋고 해서 마시면 안됐지
- 그러게 말이여, 요즘은 괜찮냐
- 어휴 다 나은지 오래지. 술 먹는거 보면 모르겠냐
- 암튼 대단한 새끼여... ㅋㅋㅋ 좋다 이 시끼야

대학에 들어가서도 못 마시던 술을 언젠가부턴가 조금씩 입에 대며 주량이 늘어가던 그 과도기엔 아마 근호가 있었던 것 같다. 그 때 나는 그 녀석처럼 마시진 못했지만, 별 것 없이 술국에 소주 한 병 나누던 낭만을 알려준 것은 그였던 것 같다. 몸도 마음도 약한 당시의 나에게 그런 자식들한테 마음 쓰지 말라고, 혹시나 힘들 땐 그냥 이렇게 혼자 슬그머니 국밥에 소주 한 병 마시면 나을 거라고.

세 명이서 먹어도 배가 터지는 양의 해물탕을 두 명이서 소화해내는 기백을 십분 발휘하려니 해물탕에는 필수인 칼국수와 볶음밥은 생각나지도 않았다. 트림 한 번 시원하게 내뱉는 그 녀석 앞엔 비워진 소주병이 어느덧 다섯 병. 어제 그렇게 마시고도 이게 들어가다니. 어쩌면 그도 나도 이미 몸 속에 여명808을 능가하는 숙취 해소 효능을 지닌 것이 아닐까.

식당을 나와서 느즈막히 동네를 한 바퀴 구경시켜 주었다. 서울 이곳저곳을 떠돌다 비교적 오래 정착했던 등촌동. 어찌 거기서 사냐는 사람들에 질문에 공항에서 가까우니까-라는 말 같지도 않은 답변으로 응수했지만, 사실 도심과는 사뭇 다른 한강의 모습에 푹 빠졌기 때문이었다. 인파 가득한 도심 한강공원과는 달리 2차선의 자전거도로와 좁은 보행로만이 있는 한적한 느낌의 한강 산책로는 봄과 가을의 밤에는 더할 나위 없이 훌륭한 조깅 코스였고, 서쪽엔 빨간 아치 모양의 방화대교가, 동쪽엔 비대칭하게 케이블이 연결된 월드컵대교가 은은한 조명을 빛내는 것이 인상적이었다. 마곡철교 위로 열차가 지나는 모습을 배경으로 뛰고 있자면 하루동안 내게 붙어 있던 잡념들을 강물에 흘려보내는 것만 같았다.

- 이 동네에서 뭐 이러고 살고 있다

- 뭐 니가 좋으면 된거

- 그러게 마음에 드는 동네 들어와서 다행이여

그렇게 천천히 걷다가 집 앞 편의점에서 캔맥주와 소주를 넉넉하게 사서 집으로 돌아왔다. 무드등만 은은하게 켜고 식탁 위에 사 놓은 것들을 풀어헤쳤고, 찬장에서 잔을 꺼내서 술을 이어갔다. 못 만나는 동안 새로 있었던 이직, 승진, 가족, 부모님, 결혼, 집값, 여행 등 – 그야말로 지대한 대화를 위한 넓고 깊은 이야기였다. 평소 듬성했던 연락은 역설적이게도 직접 만날 때 수없이 많은 이야기를 양산하곤 한다. 그리고 계속 신신당부했다 – 부산에 오면 그냥 왔다 가지 말고 꼭 연락하라고. 소주라도 한 잔 하자고. 결혼을 하고 부산에 내려간 지도 얼마 되지 않은 그는 이미 부산의 DNA를 갖고 있는 듯했다.

그렇게 편의점에서 사온 술을 다 마시고 나서도 아쉬운지 주저없이 다시 편의점으로 가서 약간의 술을 더 사왔다. 아쉬움없이 멋지게 사는 것이 그래도 좋지 않겠냐는 취지의 이야기를 주고 받고 나니 어느덧 새벽 4시. 새벽 6시 반 비행기를 예약했다는 그는 잠깐 눈만 붙이고 알아서 가겠다고 했다. 깨워주겠다는 말에 알아서 제가 집에서 잘 나갈테니 그냥 푹 자라고 타이르던 그 녀석의 호기를 믿고 방에 들어가 잠에 든 내가 문득 다시 일어나니 시간은 새벽 6시 15분. 방문을 열고 나가니 매트 위에 앉아 있던 그였다.

- 왜 안 갔냐? 설마 지금 일어난 거?
- ㅇㅇ 놓쳐서 8시에 서울역에서 가는 기차표 예약했어

오랜만에 학교 앞에서 만날까?
- 이문동에서 소곱창과 오징어회

- 잘 지내고 있누 브라더- 다음주에 저녁 어때?
- 좋지 어디서 볼까? 강남 쪽?
- 오랜만에 학교 앞에서 만날까?
- 오 안 그래도 한 번 가보고 싶었는데! 좋다!

대학 동기임에도 불구하고 서로 겹치는 친구 하나 없는 세원에게서 가끔 오는 연락은 늘 반가웠다. 마치 '이 때쯤 그 친구에게 연락하면 되겠지'라는 센서라도 장착된 것일까, 일상에 지나치게 과몰입한다 싶을 때쯤이면 그런 나를 슬그머니 찾아오던 그였다.

그렇게 일정표에 등장한 반가운 이름 – 세원과 정겨운 장소 - 이문동. 평일 저녁 퇴근 후 집과는 저 반대편의 서울이지만 흔쾌히 제안을 내릴 수 있었던 것은 각자의 삶에서 행하는 공전과 자전이 맞물리는 그 순간이 평소엔 흔치 않기 때문이었을까.

　　　　회사에서 이문동까지는 지하철로 무려 세 번을 환승한다. 택시의 힘을 빌리고 싶지만 퇴근길에 도로가 막혀 자칫 약속시간에 늦을 수 있기에 달리 선택지는 없었다. 한강을 건너 왕십리부터는 배차간격도 멀찍이 긴 경의중앙선 열차에 수많은 사람들과 한데 뒤엉켜 회기역까지 호흡을 함께 하다가, 자욱한 케케묵은 냄새와 천하제일 기인들로 가득한 1호선으로 외대앞역까지 이동하는 동안 문득 대학 합격 후 처음 학교에 전철을 타고 가던 그 날이 겹쳐졌다.

　　　　대학생활을 계기로 서울에 발을 딛게 된 내게 이문동은 서울의 첫 모습이었다. 빽빽한 고층 건물로 가득할 것만 같았던, 또는 번화가로 활기가 가득할 것만 같았던, 마지못해 드넓은 한강이 마음을 탁 트이게 할 것 같았던 그런 이미지는 마치 허상이라는 듯, 요란스런 철길 건널목과 알람소리, 수십년은 된 것 같은 다세대 벽돌집들, 오방색 파라솔 밑 고무 대야에 채소를 파는 어르신들 – 기대에 부응하지 않는 시끌벅적한 광경들에 나도 모르게 어딘가 기죽어 있던 게 아닌가 싶었던 나날들이었다.

　　　　그럼에도 불구하고 한 학기 잠깐 거처로 삼았던 정문 앞 어느 반지하 하숙집, 시험기간에 과 선배들과 한껏 스트레스를 풀던 게임방, 어떤 슬픈 이유에서인지 그 당시 그닥 잘 마시지도 못하는 소주를 연거푸 들이키다 토를 쏟아낸 편의점 옆 하수구, 사랑하지 아니할 수 없었던 돈까스집을 생각하면 쓴웃음이 절로 나왔다.

그 날은 세원보다 더 일찍 도착하게 되어 학교 앞 상점가 골목들을 천천히 걸었다. 마지막 학기에 동기 형과 모든 수업을 마친 오후 3시에 줄곧 찾아가 탕수육에 고량주 한 잔을 주고받던 중국집과 그 인근 건물들은 모두 재개발로 자취를 감췄다. 골목 끝 큰 도로를 건너가 학교 후문으로 향하는 길 한 쪽도 모두 공사장 가리막으로 드리워져 있었다. 추억이란 마치 서랍 속 깊숙이 묻어진 누군가로부터의 엽서와도 같아서, 평소에는 그 존재를 망각하다가 막상 서랍 안 잡동사니들을 정리할 때 잉크마저 희미해진 빛바랜 엽서들을 꺼내볼 때처럼 시간의 경과로 훌쩍 날아가버리는 그간의 수많은 만남과 우연들에 아쉬움이 들기 마련이다.

그 와중에 그 때 그 자리를 지키고 있는 몇몇 객체들을 볼 때면 반가운 마음을 숨길 수가 없다. 얼마 뒤 도착한 세원과 만나 늘 그랬듯 짧은 악수와 포옹 후 적절한 장소를 찾아보다가, 막상 대학 시절 비싸서 한 번도 가지 못했던 소곱창집으로 들어갔다.

- 여기 학교 다닐 때 지나가만 갔지 한 번도 안 와 봤어.
- 우리가 이제는 어엿한 직장인이 되어 소곱창을 먹네.

그 동안 서로의 회사 근처에서 맛좋은 음식들에 술을 나눈 적은 이미 많았음에도, 모교 앞에서의 소곱창은 이전엔 느끼지 못한 서로만의 금의환향과도 같았다.

기름 냄새로 가득한 식당 어느 테이블에 자리를 잡은 후 소곱창 2인분을 주문하니, 뱀처럼 똬리를 튼 곱창이 달궈진 불판 위에 올려졌다. 곧이어 곱창 기름은 마치 혈관을 꽉 막을 것처럼 살벌하게 흘러나와 불판 위 감자와 양파, 버섯을 감쌌다. 과연 메뉴 선택이 적절했는가- 의구심이 들던 찰나, 달리 어쩌겠는가, 어차피 술이라는 달콤한 악마는 테이블에 제 뚜껑을 벗은 채 작고 투명한 잔을 향해 이미 90도로 인사를 하고 있는데. 이러나저러나 몸 속에 썩 좋지 아니한 것을 들이는 것은 매한가지.

　　　곱창을 만나기 전 항상 먼저 마중인사를 나오는 쫄깃한 염통 한 조각을 안주 삼아 휘휘 소맥을 타고 첫 건배를 했다. 역시 주류업계 사람이 타 주는 사람이 소맥은 맛있다며, 이런저런 일로 한동안 술과는 거리를 둘 수 밖에 없었던 세원은 첫 잔을 비우며 탄성을 질렀다.

　　- 크으... 나 술 진짜 오랜만에 먹는데 맛있다...
　　- 다행이구먼- 많이 자시게.

　　나름 평소에 술을 즐기던 친구가 한동안 그러질 못했다니. 바쁜 나날들 속에 직장에서 종종 있는 회식을 따라가는 것만으로도 벅찰지도 몰랐던 그에게 어쩌면 그간 친구와의 술자리는 잠시 숨을 틔울 수 있던 기회였을지도 모르겠다.

대학 시절 ROTC 과정을 밟던 세원에게 당시 ROTC 외의 학교를 다니던 같은 과 남자 동기는 내가 유일했다. 어떤 수업에서 같은 프로젝트를 하게 된 것을 계기로 서로 간 왕래는 느슨하지만 꾸준히 이어졌다. 장교 임관 후 강원도에서 복무하던 중에 춘천에 콧바람을 쐬러 다녀온다던가, 눈이 펑펑 내리던 겨울날 느닷없이 뜨끈하게 몸을 지져야 한다며 즉흥으로 워터파크를 간다던가, 명절 연휴 중 바다를 보러 가자며 영종도로 드라이브를 간다던가, 부천이 고향인 그가 동네 구경을 시켜주겠다며 어느 주말 저녁 부천 중동의 어느 횟집에서 소주를 한 잔 기울이고 근처 찜질방에서 같이 날밤을 까던, 잦진 않지만 유달리 특별했던 에피소드들은 이후 술자리에 늘 좋은 안주거리로 남게 되었다.

그러던 그는 서른이 되기 전 결혼을 했고 그의 부탁으로 나는 그의 결혼식에서 사진을 촬영하게 되었다. 부모님과 신부에게 D의 소개로 정식으로 인사를 드리며 그의 결혼을 축하했고 단란한 가족의 모습에 나는 무척 흐뭇했다. 결혼 후 바쁠까봐 쉽사리 먼저 연락을 하지 못했던 나에게 오히려 그는 이따금씩 먼저 나의 안부를 물어오며 그렇게 신변잡기들을 서로 공유해왔다. 그렇게 간간히 왕래하던 시간들이 흐르고, 어느 날 세원에게서 메시지가 왔다.

- 아버지 새벽에 잘 보내드렸어. 오늘부터 장례인데 혹시 시간 괜찮을까?

얼마 전부터 건강이 안 좋으셨던 그의 부친께서는 병세가 끝내 호전되지 못했고, 세원은 무거운 마음을 안고 아버지를 보내드릴 준비를 했다. 그의 부탁으로 조문객을 하루동안 맞은 후 마지막 날 발인까지 함께하는 동안 가슴 속 중하게 가라앉던 슬픔. 어쩌면 늘 즐겁기만 했던 그 친구와의 시간들이 이제는 한 층 더 무르익어야 할 만큼 깊고 굵어진 것이 아닐까 싶었다. 더위가 한창이던 8월의 어느 여름날 그의 부친께서 영면하신 후, 제법 가을의 햇볕이 찾아올 때쯤 다시 만나게 되었던 건 바로 그 학교 앞에서의 소곱창집이었다.

불판 위에서 지글거리며 익어가는 곱창줄기를 듬성듬성 썰어낸 후, 손바닥에 싱글거리는 상추 한 장을 올려 그 위에 곱창 한 편과 함께 나오던 부추를 넣고 고이 접어 쌈 잔치를 개시했다. 온갖 재료들이 자아내는 다양한 식감들이 입 안을 가득 메울 때면 나도 모르게 미간을 찡긋 찌푸리게 되는데, 세원 역시도 마찬가지였다.

상추쌈과 함께 하나둘씩 사라지는 곱창을 따라 주문한 소주도 조금씩 비워졌다. 그럼에도 서로 절대 건배의 속도를 높이지 아니했던 건 얼마 뒤면 그에게 다가올 새로운 시작 때문이었다.

- 언제랬지?
- 10주 정도 남았어.
- 와, 이제 정말 얼마 안 남았네. 기분이 어떠?

- 초음파 사진도 보고 하니까 조금씩 실감은 나는 것 같아.
- 이것저것 준비할 것도 많겠다.
- 지금도 그렇지만 아마 출산하면 더 바쁘지 않을까?
- 그나저나 아버님이 같이 계셨으면 정말 좋았을텐데.
- 나도 그런 생각 해. 몇 개월도 차이 안 나는데.

2세 계획 소식을 들은 지 얼마 지나지 않은 것 같은데, 그 사이에 많은 일들이 있었고 그 희노애락을 지나 어느덧 첫 자녀 출산을 앞두기까지 – 소중한 한 사람을 보내고 또 한 사람을 맞이할 그가 나는 문득 대견했다. 그 동안의 시간을 침착하고 꾸준하게 잘 살아내었다고. 그리고 그 와중에도 나의 온도를 늘 헤아려주기까지 하다니 감사하지 아니할 수 없었다.

찰나의 그 감사한 마음은 이윽고 훈훈하게 김가루와 다진 쪽파, 잘게 다져진 볶음김치 그리고 날계란 하나가 올라가 다채롭게 등장한 볶음밥을 야무지게 비벼내신 사장님의 정성스러운 손길로 자연스레 이어졌다. 고기 기름에 볶아진 볶음밥은 아무리 배불러도 막상 빠뜨리긴 섭섭한, 불판 위의 '인싸'와도 같다. 불판 위 마지막을 지키는 누룽지 한 숟갈 후에는 기다렸다는 듯 서로 하이파이브.

- 2차 어디 가지?
- 오랜만에 그때의 함성을 느껴볼까.

대학 시절 열렸던 월드컵 경기를 함께 보고 향했던 정문 앞 어느 오징어회 식당은 여전히 많은 사람들로 가득했다. 그 날이 아직도 기억에 남아있는 이유는 아마 그와 처음 술 한 잔 기울인 것이 그 때가 처음이었던 것이 아니었을까 어렴풋한 추측을 해보며. 배는 부르니 오징어회 한 접시에 소주 한 병으로 가볍게 가기로 했다.

잘게 썰린 오징어회를 초장에 살짝 묻히니 물컹한 식감이 조금 더 올라오는 것 같았다. 상 위에는 번데기, 마카로니, 메추리알 등 밑반찬들도 적지 않았으나 온전히 오징어회만 즐기고 싶었기에 괜히 한 눈을 팔지 않았다. 군더더기 없이 담백해야 비로소 진가를 발휘하는 오징어회. 오랜 친구 사이도 그런 것 아닐까, 초장만 살짝 찍어도 온전히 받아들일 수 있는.

오징어회 한 접시를 앞에 두고 잠시 옛날 월드컵 때의 몇 학교에서의 기억들을 – 같이 듣던 수업과 교수님을, 동아리 활동을, 우리가 사랑했던 연인을, 기가 막히게 맛있던 학식의 치즈라면을 – 한 움큼 술상 위로 늘어놓다보니 소주를 다 비워냈다. 더 마시기엔 이제는 그를 식구의 품으로 돌려보낼 시간. 미련없이 식당을 나선 후 핸드폰을 켜고 집으로 가는 택시를 잡으려던 그 때, 세원이 넌지시 던진 제안에 입가에 지어진 미소가 느껴졌다.

- 집에 가기 전에 학교나 천천히 한 바퀴 돌고 갈까?

올해 가기 전에 그래도 이렇게 보네
- 파주 운정에서 후라이드치킨과 골뱅이무침쫄면

연말 모든 송년회와 술자리 일정을 소화하고 새해까지는 딱 이틀이 남았던 그 날. 남은 휴가를 몰아서 소진하며 회사와도 올해는 안녕. 오후에 집 근처 카페에 가서 한 해를 마무리하는 긴 일기를 다 쓰고, 일찍이 사두고 그 동안 읽지 못한 책 한 권을 펼쳐 읽기 시작했다. 책 서문에 적힌 글귀가 마음에 들어 메모를 겸해 사진을 찍고 SNS에 무심히 올렸다. 몇 분 뒤 답글 알림이 도착했다. 간간히 연락을 주고 받던 대학교 선배 진우형이었다.

- 신형철 인생의 역사 읽고 있군..! 👍

몇 문장만 보고 책 제목과 저자를 바로 알다니.

- 오 맞아요 단번에 아시네. 잘 지내죠? 한 번 봐야되는데.
- 응응 뭐 별일 없지. 오늘... 되나? ㅋㅋㅋ
- 엇, 오늘 됩니다요 ㅋ 번개 콜?
- 오오 콜 ㅋ 혹시... 파주로 와줄 수 있어?

진우 형은 파주에 살고 있었다. 연고는 없지만 회사가 파주에 있기에 어쩔 수 없는 선택이었다. 파주에 정착한 지는 그 때가 1년 정도 되는 시점이었다. 최근 몇 년 동안은 그가 해외에 나가 있었기에 그와 맥주 한 잔 기울였던 건 까마득한 옛날이 되어버렸다. 그는 한국으로 돌아와 파주에 직장을 잡고 내게 파주에 한 번 놀러오라고 이미 몇 번을 이야기했지만 좀처럼 기회가 없었다. 다행히 만날 사람은 만나게 되어 있는지, 꼬리의 꼬리를 무는 우연이 가져다 준 급작스러운 약속에 기분 또한 즐거워졌다.

해가 뉘엿뉘엿 넘어갈 즈음 경의중앙선을 타고 한 번도 가보지 못한 파주 운정으로 향했다. 사회적 거리두기를 하는 듯한 놀라운 경의중앙선의 배차간격의 탓에 열차 안은 극도로 혼잡했으나, 이제 얼마 남지 않은 한 해의 끝에서 사람들의 표정은 편안해 보였다. 홍대입구역을 지난 열차는 지상으로 나와 석양이 드리운 서쪽을 향해 부단히 나아갔다. 이름마저 생소했던 화전역, 곡산역, 탄현역을 지나 어느덧 목적지인 야당역에 도착했다.

엊그제 눈이 수북이 내렸건만 서울에서는 어느덧 그 눈을 다 치워 흔적조차 없이 사라졌는데, 야당역 앞 추운 날씨에 보행로 위로 얼어붙은 빙판길이 마냥 부담스럽지만은 않았다. 신도시의 아파트와 상가건물로 빽빽한 한 쪽 광경과, 적막한 야산 중턱에 희미한 가로등 불빛 몇 점만이 자리한 반대 쪽 풍경이 대조적이었다.

날씨도 춥고 하여 만나기로 한 치킨집으로 곧장 향했다. 조금 먼저 도착한 진우 형이 반갑게 맞아주었다.

- 오오 싸이먼 오랜만이야 오느라 고생했네!
- 고생은 뭘요 전철이 다 데려다주는데. 잘 지냈어요?
- 어어, 돌아와서 적응하고 일하느라 정신없었지 뭐. 안 본 사이에 느낌이 많이 변했는데? 더 멋있어졌어, 다부져지고.
- 하하, 그런가요? 감사요. 형은 그대로다 하나도 안 늙고.
- 나? 이제 머리도 슬슬 빠지고 기력이 없어서 요즘은 일찍 자버려. 에휴, 예전같지 않아...
- 아 그렇구나, 그래도 보이기엔 전혀 안 그래 보여요.
- 그래? 다행이네. 여튼 여기까지 와 줘서 고마워. **올해 가기 전에 그래도 이렇게 보네.**

멀리 떨어져 있어 각자의 삶에 치열했던 시간 동안 차마 알아채지 못했던 서로의 변화에 놀라워하면서, 그럼에도 여전했던 고유의 모습들에 반가운 마음이 가득했다.

- 여긴 내가 종종 시켜먹는 치킨집이야. 맛이 괜찮아.
- 치킨 좋죠. 형하고는 맥주 잘 하는 곳이면 다 괜찮지 뭐.

몇 년 만에 함께 하는 맥주인데 안주가 뭐 그리 중요한가.

영하권으로 떨어진 추운 날씨였지만 진우 형과는 예전부터 늘 그랬듯 맥주에 진심이었다. 그가 미국으로 떠나기 전에는 종종 특이한 맥주들을 파는 펍들을 퇴근 후 함께 찾아다니기도 했다. 그 때는 아직 수제맥주 열풍이 불기 시작하기도 전이었는데, 새로운 것들에 호기심이 많은 그를 따라다니며 재밌는 경험들을 많이 할 수 있었다. 맥주라고는 카스 밖에 몰랐던 나에게 수도원맥주, 사워비어, 람빅 등 맥주 유니버스의 저변을 넓혀준 그였다.

주문한 후라이드치킨과 얼음송이가 겉을 감싼 시원한 카스 생맥주 두 잔이 나왔다. 재회를 축하하는 건배 후 쭉 들이킨 차가운 생맥주는 정수리 끝을 짜릿하게 했다. 치킨의 튀김옷은 바삭하면서도 깔끔했고, 염지가 적절히 된 속살은 짭조름하고 쫄깃하여 맥주와 매우 잘 어울렸다. 밑반찬은 마요네즈와 캐첩을 뿌린 양배추샐러드와 치킨무로 특별한 건 없었으나 군더더기없이 기본에 매우 충실했다. 세월이 지나도 변치 않는 치맥의 맛과 같던 그 날 그와의 조우.

- 그나저나 미국에서 급 돌아오게 된 건 아쉽게 되었어요.
- 휴, 뭐 어쩔 수 없지 뭐. 누가 이렇게 될 거라 알았겠어.

진우 형이 한국으로 돌아오게 된 건 결코 자의가 아니었다. 남부럽지 않던 굴지의 대기업을 다니다 그만두고 미국으로 떠난 이유는 그의 큰 꿈을 위해서였으나 그 꿈은 아쉽게도 실현되지 못했다.

한국에서 대기업에 다니며 차곡차곡 모아놓은 돈을 그는 하늘을 날고 싶다는 그의 꿈 중 하나를 좇고자 퇴사를 하고 미국에 있는 비행학교에 등록하는 데 사용했다. 새로운 도전은 그에게 있어 늘 활력의 원천이었기에 비록 모든 것들이 처음이었지만 즐거운 시간들의 연속이었다. 가끔씩 그의 SNS에 올라오던 비행훈련 사진들 속에서 그는 늘 활짝 웃고 있었다. 첫 솔로비행에 성공한 후 기체 앞에 서서 위풍당당히 찍은 인증사진은 아직 기억에서 잊히지 않았다.

　　그렇게 비행학교 수료에 필요한 2년이라는 시간이 거의 다 지날 무렵, 야속하게도 코로나는 그의 도전에 마침표를 찍어주지 않았다. 국경이 폐쇄되고 도시가 봉쇄되며 비행기들은 더 이상 하늘 위를 날지 않았고, 그가 다니던 비행학교에도 타격이 있었다. 수료를 코 앞에 두고 수업은 진행되지 않았고 시간은 지체되어 갔다. 한국을 떠나기 전 모아놓았던 돈도 어느덧 바닥을 보이기 시작했다. 도무지 끝날 것 같지 않았던 역병의 시대에 그는 결국 꿈을 포기하고 한국으로 돌아왔다. 답답한 마음에 그는 일 년 동안은 사람과의 별다른 왕래 없이 파주에 있는 작은 회사에서 일만 하며 조용히 지냈다.

　　- 이렇게 돌아오게 되니 부모님께 죄송스럽더라고. 한국에서 계속 회사 열심히 다녔으면 부모님 용돈도 꼬박꼬박 챙겨드리고 했을텐데. 그래도 뭐, 꿈이라는 걸 핑계로 내 맘대로 하늘을 날아본 것만으로도 난 정말 운 좋은 놈이구나-란 생각은 들기도 해.

그의 에피소드를 쭉 듣다보니 어느덧 비워낸 생맥주만 각자 두 잔씩. 맥주 한 잔을 추가할려던 찰나, 진우 형이 말했다.

- 얘기하다보니 소주 땡기네 ㅎ 뭐 하나 더 시키고 소주 한 병 딱 할래? 오늘 그냥 우리 집 가서 한 잔 더 하다가 자고 가.
- 그럴까요? 좋죠. 뭐 시킬까요?
- 소주니까... 골뱅이소면 하나 먹을까?

평소에 소주를 잘 찾지 않는 그이건만 오죽 씁쓸했으면 소주 한 병 하자고 했을까. 쓰린 마음이 조금이나마 더 가시길 바라며 서로 소주잔을 부딪혔다.

곧이어 나온 골뱅이무침쫄면은 적당한 크기로 썰린 채소와 큼지막한 골뱅이, 그리고 딱 맞게 삶아진 쫄면의 삼박자가 고루 맞았다. 매콤하지만 새콤달콤했던 골뱅이무침쫄면의 맛이야말로 진우 형이 느꼈던 그런 기분과도 같았을까. 불가항력에 굴복하게 되었던 한 인간의 나약함과 그럼에도 돌이켜보면 아련하고 흐뭇했던 그 때의 기억과도 같이.

- 미국 가기 전에 맥주 마시러 다니던 때도 먼 옛날이네.
- 그러게요, 이제 그 가게들도 많이 없어지고.
- 다 옛날이구나- 비행학교의 추억도 또 지나가겠지.

- 그래도 형, 아직 우리에겐 존 메이어가 있잖아요. 이따 집에 가서 오랜만에 한 번 청음회 한 번?

- 오, 존 메이어. 나도 안 들은 지가 꽤 되었네. 그래 이따 술 한 잔 따라놓고 듣자고.

학교를 같이 다니던 때부터 진우 형과 나는 존 메이어의 데뷔앨범을 처음부터 끝까지 켜놓고 모두가 잠든 밤에 학교 벤치에 앉아 캔맥주를 마시곤 했다. 대학 시절 밴드에서 기타리스트였던 그가 가장 많이 연주하던 곡들의 상당수는 그 앨범에 수록된 것이었다. 기타의 선율과 낮게 깔린 보컬의 목소리가 어우러져 늦은 밤에 듣고 있자면 알 수 없는 기분에 한껏 취하곤 했다.

치킨집을 나와 편의점에서 진우 형이 가장 좋아하는 구스아일랜드 캔맥주를 충분히 산 후 그가 사는 오피스텔에 입장했다. 추운 바깥 날씨를 뚫고 들어간 그 곳의 온기와 우디한 캔들 향 그리고 캔들 빛에 취기가 오르는 듯 했다. 한 쪽 벽에는 큰 빔 프로젝터가 자리했고 양 옆으로 스테레오 스피커 한 쌍이 놓여있었다. 역시 예전과도 같이 음악에 있어서는 한 치의 타협이 없던 그였다.

- 일단 구스아일랜드는 냉장고에 넣어놓고, 인디카 IPA 한 잔 할까? 냉장고 안에 넣어놨어서 이게 더 시원할거야.

- 오 인디카도 있어요? 역시 형 여전히 맥주에 진심이네요.

쌉쌀한 홉의 향이 진한 인디카IPA를 곁들이며 존 메이어의 콘서트 영상을 빔 프로젝터에 띄우고 '심야청음회'를 시작했다. 안주는 작은 종기에 담긴 프레츨 과자 정도면 충분했다. 무지향성 스피커 한 쌍은 금새 작은 오피스텔 방을 음악으로 한 가득 채웠다. 서로 마시고 있던 맥주만 간간히 건배를 할 뿐, 별다른 대화는 필요치 않았다.

　　한 곡이 끝날 때마다 서로 만나지 못했던 그 동안 각자 기억 속에 새로 쌓아온 플레이리스트에서 한 곡씩 꺼내었다. 그리 대중적이지 않아 각자 혼자서 아끼면서 듣고 있었던 포크, 컨트리, 그리고 모던 락 음악들 - Sun Rai(썬 라이), Haux(혹스), Caiola(카이올라)... 낮게 깔린 보컬의 노래선율을 따라 그렇게 차츰 구스아일랜드도, 카베르네 소비뇽 한 병도, 그가 혼자 집에서 한 잔씩 마시던 반쯤 남은 야마자키 위스키도 차츰 비워져갔다.

　　그렇게 깊어가던 새벽 어느 시점에 무거워져 가던 눈꺼풀을 느끼며 잠에 들었다. 동이 트며 아침햇살이 드리우던 새벽에 그 해 마지막 출근 준비를 하던 그를 따라 그의 집을 나섰다.

　　- 싸이먼 연말 잘 보내고, 또 놀러와! 와줘서 고마워!
　　- 네네 형님 재밌었어요. 다음엔 날씨 선선할 때 운정호수공원 가서 캔맥 때리며 음악 한 번 듣죠. 출근 잘해요!

형, 진짜 우리도 많이 성장했어
- 마곡에서 숙성회와 닭목살

12월 31일 밤 11시 59분. 침대 위에서 얌전히 보고 있던 TV에서는 한 해의 끝과 또 다른 해의 시작을 알리는 카운트다운이 시작되었다. 10, 9, 8, 7, 6, 5, 4, 3, 2, 1, Happy New Year!

그렇게 새해가 시작되었다. 다시 달력은 한 바퀴를 돌아 1월 1일. 그리고 내 생일. 지인들로부터 새해 덕담과 함께 생일 축하 메시지들이 도착했다. 그들에게 덕담을 전하던 와중, 새해가 시작된 지 몇 분 지나지 않아 한 통의 전화가 왔다.

- 형, 생일 축하해
- 전화까지 주고 고맙다 너도 새해 복 많이 받고
- 선물 뭐 필요한 거 있나
- 우리 사이에 뭔 선물이냐 나도 이번에 너 못 챙겼는데
- 하긴 선물보다 술값이 더 많이 나와서 술 먹는게 낫지 ㅋ
- 그러게 ㅎㅎ 다음 주에 한 잔 하자.

그렇게 병헌과 잡은 약속은 그 해 갖게 된 첫 술자리였다. 서로 그렇게 멀지 않은 곳에 살았기에 평소라면 각자 동네 어귀에서 간편한 트레이닝복 차림으로 만났을 것이나 그는 내 생일상은 그럴 수 없다며 적당히 북적북적한 곳으로 가자고 했다. 그렇다고 막상 이태원이나 홍대로 나가기는 귀찮았기에 마곡에서 만나기로 했다. 가끔 집에서 쉬는 주말이면 그와 마곡에서 저녁을 먹었다. 마곡의 적당한 인파와 지루하지 않을 분위기 정도면 충분했다.

마곡은 서울 안에 있지만 분위기는 경기도 어느 신도시를 방불케 한다. 가로와 세로 직선으로 반듯하게 그어진 도로들 사이로 세워진 큐브 모양의 빌딩들과 아직 다 지어지지 않은 빌딩 부지들 위로 무성한 잡초들이 한데 뒤섞여 있다. 마치 MBTI의 유형 중 J(통제형)과도 같이 모든 장소들이 철저하게 계획된 이 곳이 다소 지루하거나 답답할 수 있겠으나 다행히 건물 사이로 녹지들도 많고 조금만 걸어가면 뻥 뚫린 잔디밭과 서울식물원이 있다. 발산역까지 이어진 먹자골목에는 한 건물에 편의점, 식당, 술집, 당구장, PC방, 노래방, 헬스장, 스크린골프장 등 다양한 시설이 군집해 있어 그리 크지 않은 그 골목은 늘 사람들로 가득하다. 날씨가 다소 춥던 그 날에 짧은 동선을 취하기도 좋은 조건을 갖춘 동네였다. 그 날 저녁, 지하철역 출구에서 기다리던 그를 발견했다.

- 어휴 춥다 얼른 들어가자.

- 형 요 앞에 숙성회 파는 데 있던데 거기 갈래?
- 좋지

다른 어떤 메뉴보다도 생선회를 좋아하는 그와 나였다. 특히나 생선회는 겨울철에 그 쫄깃한 식감이 더 풍성하다보니 술과 함께 제격이었다. 그는 종종 집에 광어 한 접시를 포장해와서 그가 즐기는 위스키와 함께 먹기도 했다. 그 날은 내 생일이라고 평소에 가는 보통 횟집이 아닌 숙성 횟집으로 나를 데려갔다.

포장마차 감성이 다분했던 그 곳은 생선 숙성회와 더불어 육사시미도 있어 무엇 하나에 질릴 위험이 적었다. 우리는 그 곳의 대표 메뉴인 활숙성회 4종을 주문했다. 참돔 유비끼, 생연어회, 거제 숭어 그리고 육사시미의 구성이었다.

마곡 내에서도 유명한 곳인만큼 이른 시간이었음에도 젊은 남녀들이 가게를 가득 메웠다. 갖은 소스와 사이드가 테이블 위로 깔리는 동안 전후좌우 눈동자가 쉴 틈이 없었다. 검은 롱패딩 차림의 캡 모자를 꾹 눌러쓴 저 사람 괜찮은데 스튜어디스일 것 같다, 마스크 쓴 단발머리의 저 사람 연예인 누구를 닮은 것 같다, 하얀색 니트를 입은 저 사람은 몸매가 좋다 등… 짧게 브리핑을 마치고 나니 예쁜 빛깔의 숙성회 한 접시가 등장했다. 예열은 충분히 되었으니 이제 한 잔 해야지.

- 형 생일은 그래도 매년 챙기는 것 같다
- 너 처음 학교에서 만났을 때가 몇 년 전이냐
- 거의 10년 다 되어갈 걸?
- 벌써 그런가... 시간 참 빠르다

    병헌은 대학교 과 후배였다. 군 제대 후 복학한 학교 마지막 학기에 한 전공 수업에서 프로젝트를 준비하다가 그를 알게 되었다. 취업 준비로 학교생활에는 서서히 무감각해져가던 그 때에, 그는 마치 대학생활에 있어 마지막 친구와도 같았다. 취업이 쉽지 않았던 시기였기에 여러 군데에 입사원서를 내는 동시에 한 작은 회사에서 인턴 생활을 하며 바쁘게 지내던 나를 그는 신기해 하면서도 응원을 아끼지 않았다.

    그는 강남 어딘가에 살고 있었다. 정확한 동명은 기억나지 않지만 들었을 때 '부촌'이라는 느낌이 물씬 나는 곳이었다. 8학군의 고등학교 중 하나를 졸업했다고 했다. 졸업 이후의 불투명한 미래가 까마득히 걱정되던 당시 처음 알게 된 그 친구의 몇몇 속성값은 그저 부러움의 대상이었다. 이 친구는 그래도 더 편한 길을 탈 수 있겠지-

    그러던 어느 날, 수업이 끝나고 모처럼 같이 점심을 먹고 있다가 그에게 전화 한 통이 왔다. 몇 마디의 짧은 통화를 마친 그는 알바를 가야 한다고 했다.

알고 보니 그는 편의점 알바를 하고 있었다. 그리고 그가 일하는 편의점은 그의 부친께서 운영하는 곳이었다. 그는 알바를 통해 용돈을 벌고 있었다. 보통의 편의점 알바는 주간/야간 근무가 계약으로 정해져 있으나 그는 그의 근무 시간과 더불어 근무조에 가끔 공백이 생길 때, 그 빈 자리를 긴급하게 메우기도 했다.

내가 학교를 졸업한 후에도 그와는 꾸준히 연락이 닿아 가끔 술을 한 잔씩 했다. 그리고 그는 그의 졸업까지도 계속 그 삶을 이어왔다. 술잔에 이런저런 속마음들을 하나 둘 띄우다보니 어느덧 남모를 가정사도 조금씩 이야기하게 되었다. 나중에 알고 보니 그의 부모님은 이혼 후 별거 중이었고, 그는 아버지와 살고 있었다. 다만 그는 아버지와 자주 마찰이 있었고 졸업 후 취직을 하면 집에서 나와 독립할 요량이었다. 그러던 어느 날, 그에게 연락이 왔다.

- 형 나 부탁 하나만 해도 돼?
- 어 얘기해 뭔데
- 나 당분간 형네 집 가서 좀 지내도 돼?
- 무슨 일 있어?
- 아빠하고 싸웠어. 더 여기서 못 있겠어서 나갈려고.
- 아... 자세한 얘기는 만나서 하고, 일단 알겠어 와.
- 그래도 돼? 진짜 고마워 형.
- 어 급하게 나와야 되는 거면 내일 당장 와도 돼.

전화가 걸려온 그 주 토요일에 그는 바로 다마스에 짐을 싣고 집 앞으로 왔다. 그래봐야 그의 방에 있던 옷가지 몇 박스와 전신거울 하나, 노트북 등 단출한 수준이었다. 해피엔딩으로 집을 나오는 것이 아니었기에 설령 풀이 죽어 있진 않을까 걱정했지만 다행히 그의 표정은 해방감으로 가득했다. 당시 살던 집이 작았기 때문에 살림이 는다는 것은 부담이 될 거라 생각했지만 그래도 그가 그동안 겪었을 압박감에 비하면 한없이 가벼울 것도 같았다.

그가 집으로 온 그 날 저녁, 집 근처 시장에서 옛날통닭 한 마리를 사와서 방 바닥에 신문지를 펴놓고 소주 한 잔을 걸쳤다. 그리 오래 머무르지 않을 거라고, 월세방을 구할 때까지만 있을 것이고 그 동안 본인이 집 청소를 도맡아 하겠다고 했다. 충분히 말만으로도 고맙고 그러지 않아도 된다고 나는 말했다. 집안일을 하려고 온 것이 아니니 편하게 지내라 했다. 그렇게 잔을 부딪치다 억눌러 있던 감정이 올라오는 듯 그는 그간 삭혀온 울분을 토해냈다.

그러지 말라고 했지만 그는 취업 준비를 하며 내가 회사에 가서 집에 없는 동안 거의 매일같이 방 청소를 하고 도서관을 다녔다. 다닥다닥 붙어 자야 했던 작은 방에서 그리 두 달 즈음 지났을까, 그는 이제 방을 구해서 떠난다고 했다.

- 형 그동안 고마웠어. 내가 취직하면 맛있는 거 살게.

몇 년이 지나 다행히 그도 직장을 구하고, 운명처럼 그는 다시 나의 동네 어귀 어딘가로 이사를 왔다. 그는 어느덧 준비하던 자격증을 취득하고 여의도의 어엿한 증권맨이 되어 있었다. 한결 자유로워진 그의 모습은 그 동안 '존버'한 시간들에 대한 보상이라는 차원에서 마땅히 인정받을 일이었다. 변곡점을 지난 그의 삶은 이후 더욱 풍부해지는 것 같았다.

- 지난 번에 형 집에서 회랑 먹었던 위스키 생각나네.
- 그러게. 옛날에는 너도 나도 위스키는 엄두도 못 냈지.
- 다음에 내가 또 좋은 술 사들고 형네 집 놀러갈게.
- 반가운 소식이구먼.

숙성회를 앞에 두고 또 잠시 과거의 기억들을 읊조리다가 보니, 어느덧 테이블 위엔 빈 소주병이 세 병 놓여 있었다. 두껍지만 야들야들하고 쫄깃하던 숙성된 연어회 한 점처럼 그 동안의 시간은 지금의 삶을 맛있게 만들어내기 위함이었던가. 거기에 회에 찍어 먹는 하얀 마요네즈, 붉은 색 초장, 검은 간장 등 여러가지 소스와도 같이 알록달록한 선택지들에 삶은 더 재밌어질 일만 남았을까.

그 횟집의 비밀병기인 멸치찌개가 보글보글 끓여져 나오고 진득한 국물이 속을 뜨끈하게 덥히자니 결국 소주 한 병이 추가로 필요했다. 참으로 간명한 생일상이었다.

아무리 내 생일상이라고 하나 매년 잊지 않고 기억해주는 녀석이 기특하고 고마워 간단하게 2차를 하러 근처 닭목살집으로 향했다. 두 사람 다 무척 좋아하는 메뉴이기에 종종 가던 곳이었다.

석쇠 위로 직화로 익혀낸 닭목살이 청양고추 조각들을 머금고 누워있고, 그 옆으로 마늘, 양념장, 깻잎, 날치알과 단무지가 들어간 마요네즈가 형형색색 자리했다. 깻잎 한 장에 마늘과 양념 묻힌 닭목살 한 점을 싸서 먹었다. 여리여리한 닭목살의 달짝지근한 육즙이 매력포인트였다. '처음처럼' 한 잔에 닭목살 한 점을 반복.

- 넌 올해 뭐 특별한 계획이 있나?
- 뭐 특별히 있나. 회사 계속 다니면서 돈 모으겠지. 형은?
- 나도 일하면서 계속 글 쓰겠지? 회사원이 뭐 비슷하지.
- 예전에는 둘 다 아둥바둥 한 고비 넘기기 바빴는데.
- 기억남? 그 때 우리 집 들어온 첫 날 시장에서 통닭 사다 방바닥에 신문지 깔아놓고 술 마시면서 울었던 거.
- 기억나지 ㅋㅋ 그 때는 삶이 빡셌지 나도 형도.
- 그 때에 비하면 나아져서 참 다행이여.
- **형, 진짜 우리도 많이 성장했어.**

그러게 말이었다. 어디선가 부러져서 영영 모습을 감춰도 이상하지 않았을 삶이 그래도 지금까지 이어져 오고 있는 것 자체가.

- 형, 예전 그 때에 강릉에 당일치기로 바다 보러 놀러갔을 때처럼 오랜만에 한 번 바다나 보고 오자. 회도 먹고.
- 좋지. 아님 휴가 좀 쓰고 제주도 갈까?
- 제주도 좋다.
- 가서 너 운전연습도 좀 하고.

그렇게 급작스레 나온 제주도 여행 이야기에 그 동안 직접 가보거나 주변으로부터 추천을 받았던 곳들을 보여주고자 두 사람 다 핸드폰을 켜고 지도앱과 유튜브를 뒤지기 시작했다. 몇 분이 지났을까, 석쇠 위에서 조금씩 식어가던 남은 닭목살이 눈에 띄었다.

- 형, 마지막 한 병?
- ㅇㅋ
- 사장님, 여기 '한라산' 한 병이요.

옳지, 잘 한다. 이 녀석 많이 성장했네.

병 하나에 동경과

나 제주도로 이사 가
- 선유도에서 삼겹살과 돼지목살, 차돌김치찌개라면

　　현호 형은 결혼을 하고 신혼 여행으로 1년 간 세계일주를 떠났다. 그가 결혼하기 전까지는 동네에서 가끔씩 저녁에 술도 마셨으나 그가 한국을 떠나 있는 동안은 그러질 못했다. 그의 세계일주가 끝나고 한국에 돌아오면서 한 번 만나는가 싶었는데, 곧이어 코로나가 시작되고 형수가 아이를 갖게 되며 또 차일피일 약속한 날짜는 속절없이 미뤄졌다. 그러다 아이를 출산하고 몇 개월이 지나서 현호 형으로부터 연락이 왔다.

　　- 싸이멍 오늘 저녁에 뭐해?
　　- 오 형 오랜만. 뭐 딱히 없음!
　　- 오랜만에 소주 한 잔 할까? 급 시간이 생겨서 연락함.
　　- 아 진짜? 좋지~ 어디서 볼까?
　　- 늘 그랬듯이 선유도? ㅋㅋㅋ

내게 선유도는 마치 외국의 어떤 조용한 마을에 있는 '철학자의 길'과 같이 한 때 사색을 하며 즐겨 찾던 산책코스였다. 안양천과 한강이 맞닿는 데다가, 다리로 연결된 선유도공원과 이젠 이름만 들어도 애틋한 양화대교까지. 사통발달한 길들은 늘 보름달 아래 밝게 빛을 발하는 마천루를 보며 묵묵히 걷던 내게 위안을 주었다. 탁 트인 한강을 보자면 잠시 어지럽던 마음도 이내 평온해졌다. 혹시나 그 근처에서 친구 또는 지인과 술을 한 잔 하게 될 때면 취기를 달래려 안양천 또는 한강 산책로를 따라 집까지 터덜터덜 걸어오거나, 그들과 함께 희미한 가로등만 비추는 선유도공원을 한 바퀴를 걷기도 했다.

　　　현호 형과도 이전에 몇 차례 이 곳에서 만난 적이 있었다. 집에서 조용히 혼자 보내던 어떤 생일날 느닷없이 이 곳으로 불러내어 생일상이라며 삼겹살에 소주도 사주기도, 돈이 궁했을 시절에는 술 마시고 싶으면 여기만한 데가 없다며 순두부찌개와 계란말이가 2000원 밖에 안 하는 가성비 좋은 술집에서 술 한 잔 사주기도 했다. 우울이라는 베일로 스스로를 드리우던 시절에 가끔씩 그는 그 베일을 살짝 들어올려 그 안에 웅크린 나를 향해 고개를 들이밀고 술 한 잔을 건네며 화이팅을 외치는 듯 했다.

　　- 형도 오랜만이지만 여기도 참 오랜만에 온다
　　- 나도 뭐 결혼하고 올 일이 있었나 ㅎㅎ

- 형 뭐 먹을래?

- 옛날에 갔던 그 고기집 오랜만에 가볼까?

- 내 생일 때 고기 사준 거기? 좋아 ㅋ

추억의 그 장소를 몇 년이 지나 다시 함께 갈 수 있음에 반가웠다. 정육식당이라는 이름에 걸맞게 소고기, 돼지고기 등 취향에 따라 다양하게 선택할 수 있는 그 곳.

- 소고기를 먹을까?

- 아녀 형 그 때처럼 돼지고기 한 판 시키자. 싸게싸게~

생삼겹살과 생돼지목살을 섞은 500g 분량의 돼지고기 한 판. 메뉴판에 있던 소갈비나 부채살, 차돌박이도 좋지만 그 날은 돼지고기로도 이미 충분히 만족스러웠다.

- 사장님, 돼지고기 한 판, 처음처럼, 카스 하나씩 주세요.

곧이어 파절이, 깻잎짱아찌, 양파, 상추 등 기본 반찬이 테이블에 깔리고 작지 않은 뚝배기에 애호박과 양파, 팽이버섯이 가득한 된장찌개가 담겨 나왔다. 보글보글 끓여진 된장찌개를 벗삼아 일단 소맥 첫 잔으로 입을 가셨다. 곧이어 나온 삼겹살과 목살은 마음을 가득 채울만큼 두툼했고 빛깔마저 고왔다.

불판에 고기를 올리는 데에 집중하다보니 잠시 대화가 중단되고 고기가 익어가는 소리만 주변을 채우던 그 때, 현호 형이 나지막하게 한 마디를 내었다.

- 싸이먼, **나 제주도로 이사 가.**

예상치 못했던 그의 계획에 바삐 움직이던 집게와 가위를 내려두었다. 제주도라니. 그것도 여행이나 한 달 살아보기도 아니고, 아예 이사라니.

- 어? 진짜? 언제? 왜? 가족들하고 다? 서울 집은? 지금 직장은? 제주도 가면 뭐해? 돈은?

놀란 마음에 속사포와 같이 질문을 쏟아냈다. 결혼 직전 비로소 구로동에 아파트를 얻고 거기에서 살림을 시작했던 그였기에 신혼여행으로 떠난 1년 간의 세계일주 기간을 제외하면 사실 그 집에 그가 기거한 기간은 길지도 않았다.

- 자자 싸이먼, 하나씩 설명해줄게.

이런 질문은 이미 익숙히 받아봤다는 듯, 그는 차분하게 내가 던진 많은 질문들에 답을 해주기 시작했다.

서울에서 나고 태어난 그지만 그의 마음 한 켠에는 늘 해방의 욕구가 자리했다. 행복한 삶을 살 수 있는 방법은 바쁜 도시와 갑갑한 회사에 있지 않았다. 그런 삶을 평생 나누고 함께할 수 있는 사람을 만나 결혼을 하고, 그렇게 받아들인 아내와 1년 간 전세계를 돌아다니면서 상상은 현실로 이뤄질 수 있겠다는 생각이 들었다.

신혼여행이 끝날 무렵 갖게 된 아이를 코로나 시국으로 어려워진 환경 속에서도 안전히 품에 안고, 아이가 어느 정도 클 무렵까지 기다리며 그는 결국 제주도의 자연 속에서 가족과 함께 살기로 했다. 제주도에서 하고 싶은 일을 정하고, 예산을 짜고, 실행에 옮겼다. 고민 끝에 그는 한라산 중산간 부근에 주택을 하나 구해 가족이 다 함께 살 집과 더불어 별채는 산장을 만들어 운영하기로 했다. 그리고 서울에 구한 아파트를 과감히 처분했다. 이미 집을 여러 군데 알아보고 그렇게 정한 곳에 공사를 진행하기 위해 몇 번씩 제주도와 서울을 오가고 있었.

- 와, 형 대단하다. 언제 또 이걸 다 알아보고 준비를 했어.
- 평생 우물쭈물하느니 이번에 한 번 확 해보는 거지 뭐.

그의 화끈한 실행력에 감탄하며 동시에 노릇하게 구워진 목살을 쌈장에 찍어 마늘과 함께 상추에 싸서 한 입에 넣은 그것 또한 감탄하지 않을 수 없었다.

- 너는 어때? 회사 계속 다닐거야?

- 당분간은 아마 그렇지 않을까? 마음은 콩밭에 가 있어도 당장 뭐 일을 쉴 수 있을 만한 상황은 아니니까. 만약 회사를 그만두고 다른 일을 한다 하더라도 그게 잘 풀리리라는 보장도 없고. 설령 그렇게 찾은 다른 일을 접고 회사로 돌아온다고 할 때는 자리를 잡기에 너무 어렵지 않을까 싶기도 하고.

- 뭐 마음먹기가 쉽지 않은 거지 할려면 얼마든지 지금도 가능하지. 너 그래도 책도 몇 권 쓰고 여행도 좋아하고 지금 당장 큰 돈이 필요한 것도 아니고 하면 작가를 하든 뭐를 하든 다른 일을 한번 해봐도 좋을 것 같은데?

그래도 되는 것이었나? 하긴, 그러지 말라는 법은 늘 없었다. 다만 '못먹어도 Go' 라는 깡다구의 부족일 뿐. 가끔씩 친구들에게 농담조로 이야기하던, 꼰대같지만 반박할 수 없던 같던 대사 하나가 생각났다. '이 봐, 해 봤어?'

간장과 식초, 겨자소스에 절여진 시큼한 양파 한 조각을 올린 삼겹살 한 쌈과 소맥 한 잔을 넘기며, 이미 그 물음에 대한 답을 알고 있는 스스로에게 자조섞인 피식웃음과 함께 그에게 넋두리 한 줌을 뱉어냈다.

- 그러게 말이야. 답은 알고 있는데 그저 소심한 탓이지.

불판에 고기가 거의 사라져 갈 무렵에 그는 얼큰한 국물이 생각난다며 그 곳의 별미인 차돌김치찌개라면을 주문했다. 커다란 양푼냄비에 양파와 대파, 차돌박이가 큼직큼직하게 들어간 것이 무척 먹음직스러웠다.

- 와, 해장 제대로 되겠는데.
- 아니 형, 라면만 먹어야 해장이 되지 거기에 술을 더 퍼붓는데 해장이 될 리가...
- 이제 또 당분간 못 보니까 많이 마셔둬 ㅋ

국물이 보글보글 끓여질 때쯤 준비된 라면 사리 두 봉을 국물로 하강. 라면은 금방 익혀져 어느덧 꼬들꼬들해졌다. 차돌박이에서 우러난 육수가 라면의 감칠맛을 한결 더했다. 자연스레 소주 한 병을 주문 후 두 사람 모두 땀을 뻘뻘 흘리며 라면을 즐겼다.

- 나 자리 잡히면 제주도 한 번 놀러와. 마당에서 고기 굽고 소주 한 잔 하면서 별구경이나 하자.
- 기회가 되면 당연히 한 번 가야지. 아예 거기서 한 일주일 지내러 가게 될려나?

기약은 없지만 그래도 언젠가는 기회가 있겠다 생각하며, 마지막 차돌박이 한 점과 남은 소주를 모두 비웠다.

그렇게 얼마 지나지 않아, 기회가 되어 제주도로 짧게 휴가를 가게 되었다. 제주도에 간 김에 현호 형네 산장에서 묵을 수 있을까 싶어 그에게 연락을 했다.

- 형, 나 급 제주도 가게 되었는데, 형네 산장에서 2박 묵을 수 있어? 성수기라 자리가 없을 것도 같고...
- 잠깐만... 오, 그 날 비는 방이 있어. 올래? 예약해둘까?
- 오, 다행이다. 그럼 나 예약할래.
- 오케이, 내가 전에 초대했으니까 1박은 무료.
- 에이 그러지 말어, 손님도 많은 철인데 다 받아야지.
- 노노, 1박만 내. 안 그러면 방 안 내준다. ㅎㅎ

손님이 한창일 극성수기 시즌에 그는 지인이라는 이유로 내게서 숙박비를 다 받지 않았다. 고마운 마음을 전하고자 형수와 아이가 사용할 수 있는 작은 선물을 챙겨 그의 산장으로 향했다.

내비게이션은 한라산의 어느 한적한 산간마을로 안내했다. 산장 앞 골목에 진입하자 형의 가족 3명이 모두 2층 벽돌집의 대문 밖으로 마중을 나왔다. 모두가 단란하고 평화로운 미소를 머금은 채. 화창한 햇볕에 비친 골목길 나무들이 더더욱 싱그러웠다.

- 형수님 안녕하세요! 형 오랜만이여~ 너가 하율이구나?

이제 마흔을 넘기니까 아무래도
- 서촌에서 오징어찜, 돌멍게, 딱새우 그리고 멸치회무침

- 헬로 싸군 이 강의 어떤 것 같나?

주말 낮, 오랜만에 침대에서 누워 쉬던 중 성빈 형님에게 톡이 왔다. 그가 보내준 링크는 어떤 유명 블로거의 부동산 경매 및 공매 투자 관련 온라인 강의에 대한 수강생 모집글이었다.

- 호오, 재밌겠네요. 전 아직 이 쪽을 잘 몰라서...
- 내가 너 나이 때로 돌아가면 이 쪽을 팔 듯. 남보다 더 공부한다는 마음으로 파다보면 승산이 있지.

누적된 피로로 좀처럼 침대를 떠날 줄 모르던 몸뚱이가 갑자기 무언가에 홀린 듯 일으켜 세워졌던 것은 여전히 용의주도한 그의 전략이 주는 자극 때문이었다. 간만에 그를 만나야쓰겠다.

그렇게 잡은 약속은 역시나 그의 집 근처인 서촌이었다. 낮이었다면 아마 그의 집이 위치한 부암동으로 더 들어가서 조용한 카페에서 커피 한 잔을 마셨을 것이나 간만에 평일 저녁으로 약속을 잡다 보니 친히 경복궁역 근처로 내려와주었다.

지금은 이전에 비해 인왕산에 오르는 사람들과 청와대 개방으로 인파가 많아졌으나 서촌 – 경복궁역에서 청운동에 이르는 구역은 서울 도심 한복판이라고 보기 어려울 정도로 색다른 풍경을 지녀왔다. 세종마을 먹자골목과 통인시장을 지나서 안쪽으로 들어가면 산세에 둘러싸인 수성동계곡이 있다. 이 곳에 처음 왔을 때 계곡물 소리를 배경삼아 전망대에서 보는 서울의 전경이 무척 인상적이었다. 시간이 넉넉할 때는 자하문로를 따라 더 올라가서 청운도서관과 창의문, 그리고 석파정 내의 조용한 숲길까지 거닐다 오곤 했다. 까탈스러운 나의 취향에 맞는 분위기를 풍기는 서울 내 몇 안 되는 동네였다. 그렇기에 몇 해 전 이 곳으로 이사를 한 그를 종종 만나는 것은 그리 어려운 일이 아니었다.

한 스터디 모임에서 알게 된 성빈 형님은 부암동에 있는 한 현대식 주택에 살고 있었다. 건축과 관련된 일에 종사하는 그는 건축 뿐 아니라 맛집, 커피, 부동산, 데이터 등 여러가지 취향과 관심사를 가지고 있었다. 종종 글을 쓰러 가곤 했던 부암동의 카페 또한 그의 추천이었다.

- 저 왔어요 브로

- 어 왔나? 여기 골목에 해산물 이것저것 파는 집 있는데 오늘은 거기로 가보는 것 어떻겠소?

- 좋아요

왁자지껄 세종마을 먹자골목 중간 즈음 자리한 그 곳의 외관은 수수함 그 자체였다. 몇몇 연예인들이 다녀간 표식들이 가게 벽면에 남아있는 것을 보니 아는 사람들은 이미 다녀간, 저명한 맛집인듯 했다. 어수선한 가게 입구를 지나 안쪽 테이블에 자리했다.

A4용지에 붓펜으로 쓴 멋진 붓글씨의 메뉴판은 대담하기 짝이 없었다. 마치 '이 정도면 어차피 다 잘 읽을 수 있잖아?' 하고 이곳 사장님이 쿨하게 한 마디를 던지듯. 깔끔히 코팅된 메뉴판에는 형광등 불빛이 반사되었기에 메뉴판을 쉽게 읽을 수 없었다. 메뉴는 회부터 숙회, 회무침 등 다양했다. 이 곳의 대표 메뉴들을 두루루 먹어보고 싶어 셋트메뉴로 주문했다.

- 요즘 회사일 말고 또 하는 거 있소?

- 운동하고, 책 읽고, 글쓰고 뭐 그러고 있죠.

- 따로 또 공부하는 건 없고?

- 투자, 부동산 책들 읽긴 하는데 막상 또 잘 모르겠어요.

- ㅎㅎㅎ 그래도 그렇게 하는 게 어디요.

스터디 모임에서 시작된 인연답게 만물에 호기심을 갖고 서로 그 경험을 나누다보니 합이 잘 맞아 이따금 그와는 이런저런 재밌는 프로젝트를 도모하기도 했다. 그가 새로 짓는 신축건물 내 콘텐츠를 기획하기도 했고, 직접 에어비앤비를 운영하려고 임대한 연남동의 어느 구옥 주택의 공사를 돕기도 했고, 식음료 매장 전문 컨설팅을 해보자며 주변에서 데이터를 긁어모아 스터디 모임에서 간이 사업 설명회를 진행해보기도 했다. 그러면서 이따금 캠핑도 다니다가 한 번은 러시아로 캠핑을 다녀오기도 했다. 거기에 둘 다 잔뼈 굵은 미식가였으니, 평소에 지도앱에 저장해 둔 여러 식당들을 마실 다니며 육해공 진미를 섭렵하곤 했다.

곧이어 한 상 가득 오징어찜과 돌멍게, 딱새우가 올려졌다. 따끈한 오징어찜은 탱글한 식감과 고소한 내장의 맛이 탁월했다. 과거에는 내장의 맛이 비릿하게 느껴져 썩 좋아하진 않았는데, 그 동안의 주력(酒歷)으로 입맛 또한 성숙해졌는지 이제는 녹진한 그 맛이 뇌리 한 켠에 옹골차게 자리하고 있는 듯 했다. 함께 등장한 돌멍게는 그 곳의 대표 메뉴라고 했다. 딱딱한 껍질 안에 물기 가득 머금은 돌멍게는 다른 멍게에 비해 단 맛이 있었다. 초장에 한 번 꾹 찍어 입 안에 털어넣으면 눈 앞은 바로 바닷가였다. 화룡점정으로 빈 돌멍게 껍질에 소주를 꼴꼴꼴 따라서 건배 후 털어넣으면 그건 술이 아닌 링거주사나 다름없었다. 선홍빛의 딱새우는 꼬리 부분을 살짝 잡아당겨 껍질을 벗겨내 초장으로 곧장 향하기 일쑤였다.

성빈 형님이 식사할 때는 음식 씹는 소리가 큰 편이었는데, 그것이 거슬리기보다는 식욕을 돋구는 쪽에 가까웠다. 술을 잘 하는 편은 아닌 그였으나 여유로이 이따금 한 잔씩 주고 받는 정도로도 충분히 괜찮았다.

- 싸군 맛은 괜찮나?
- 네. 푸짐하진 않아도 재료가 하나하나 다 괜찮네요.
- 나이가 들다보니 정말 맛있는 것을 조금씩만 먹게 되네.
- 한창 먹을 나이는 이제 둘 다 지났나봐요.
- 나이가 먹다보면 여러 가지가 바뀌게 되는 것 같구려.

스터디 모임을 찾아 나가고, 시키지도 않은 프로젝트들을 꾸려내는, 무척이나 진취적이었던 그에게 있어 몇 해 전, 그다지 달갑지 않은 사건이 닥쳤다. 그는 급작스레 갑상선암 판단을 받았다. 불행 중 다행으로 갑상선암은 다른 암보다는 예후가 좋아서 조기에 발견하고 치료를 꾸준히 하면 완치율도 꽤 높다고 하나, 처음엔 '암'이라는 타이틀을 단 낯선 병명에 차분한 성격의 그도 정신적인 동요를 겪었고 옆에서 이를 지켜보는 나 역시도 걱정 한 가득이었다. 당시 수술을 하고 나서 얼마 뒤 위로 차 그를 찾아갔을 때 야위고 기력 하나 없는 그의 모습이 보기에 참 안타까웠다. 다행히 충분한 휴식과 치료를 통해 거의 완치 상태로 돌아온 그는 아마도 그 동안 많은 생각이 들었을 것이다.

- 싸이먼이 올해 몇 살이지?

- 저 서른셋이고 내년이면 서른넷 되죠 이제.

- 그래? 그 동안 나이가 들긴 했구려.

- 처음 형님 뵌 게 20대 때니까... 그렇죠.

- 내가 아팠을 때가 딱 지금 싸이먼 나이 쯤이었던 것 같네.

- 그게 벌써 그렇게 되었나...?

- 이제 싸이먼도 건강 잘 챙겨. 몸이 한 번 고장나면 복원하는 속도나 복원되는 정도가 예전같지 않아.

- 저도 몇 년 전에 맹장염 수술하면서 한 번 꺾였나봐요. 그 뒤로 운동 꾸준히 열심히 하면서 몸 올려놓고 있죠.

- 잘하고 있네. 나는 그 때 갑상선암 수술한 뒤로 삶에서 뭐가 중요한 것인지도 돌아보게 되더라고. **이제 마흔을 넘기니까 아무래도...** 4라는 숫자에서 오는 느낌이 일단 무겁기도 하고. 80-90살 산다고 했을 때 이제 정말 많이 왔구나 싶더라고. 커리어를 좇아서 전력질주 하는 데에 두던 무게중심이 이제는 '어떻게 앞으로의 삶을 지속가능하게 할지'에 대한 부분으로 옮겨가고 있는 것 같기도 하네.

얼마나 삶을 '명예롭게' 일굴지에 대한 계획은 세웠어도 얼마나 삶을 '꾸준하게' 잘 살아갈 지에 대한 그림이 내게 뚜렷이 없었던 것은 스스로에 대한 사유와 살아내 온 시간이 주는 경험의 부족에서 비롯된 것일까. 그리고 대부분 '꾸준한 삶'에 대한 고민은 비극적이게도 원치 않던 대사(大事)를 치뤄낸 뒤에 시작되는 듯 하다.

마침 식탁에 올려진 멸치회무침을 한 젓가락 올려 김 위에 싸먹었다. 새콤달콤한 무침장에 아삭한 미나리가 더해져 재밌고 입체적인 맛이었다. 왜 이 형님의 셀렉션엔 늘 실패가 없을까.

- 형님은 근데 어떻게 이렇게 맛집을 잘 알아요?
- 뭐, 내 업이 부동산이고 여기저기를 돌아다니다 보니 응당 이렇게 여기저기 알게 된 게 아닌가 싶네.
- 형님은 관심사나 취향이 참 확실한 것 같아요. 그리고 그것들이 서로 잘 연결되어 있는 느낌이랄까나.
- 예전에는 회사에서 큰 프로젝트를 어떻게 잘 해낼까-에 중점이 있었다면, 이젠 내가 관심 있는 것들을 어떻게 잘 엮을까- 라는 생각을 주로 하게 되는 듯 혀. 회사를 평생 다닐 수도 없으니 조금씩 준비해야지. 그리고 취향을 좇다 보면 어느새 나는 그런 것을 좋아하는 사람으로 주변에 알려져 있기도 하더라고. 좋은 시작점이지 뭐. 어차피 마흔이 되어봐야 알게 되는 것도 있을지 몰라. 그래도 그 전에 뭔가 계획이 서고 준비하고 싶은 것이 생기면 슬슬 해봐. 나보단 젊어 싸이면, 그렇게 늦지는 않았어.

내 나이는 그닥 늦지 않았으나 안타깝게도 멸치회무침을 먹기엔 너무 늦었다. 대체 그는 이야기를 하는 중에 언제 다 먹은건지. 그래도 그가 밥 한 숟갈도 못 들만큼 수술 후 기력이 하나도 없었을 때를 생각하면 참 다행이라는 생각도 들었다.

그렇게 2호선에 몸을 싣고 오랜만에 잠실철교를 건넜다. 매번 서울 너머 서쪽 저편 마천루 하나 없는 하늘에 빛나던 당산철교 위 석양과는 달리, 하늘 높이 솟구치는 빌딩들 사이에 빼꼼 제 얼굴을 드러낸 잠실철교 위 석양. 회사가 위치한 빌딩도 어렴풋이 보이니 오늘 하루를 되돌아보게 되었다. 그러고보니 할 일이 끝나 무작정 자리를 뜨고 싶은 굴뚝같은 마음을 잠시 누르고 내 자취를 직시하며 복기를 차근차근 해보는 것 또한 중요했다.

목적지인 강변역에 도착. 상경하기 전 어린 시절의 내가 고속버스를 타고 서울에 오면 가장 먼저 도착하는 곳. 아직 옛 모습 그대로를 간직한 버스터미널과, 지방에서는 범접할 수 없는 당시의 하이-테크 감성과 유행을 좇고자 그닥 특별한 목적도 없이 서성이던 테크노마트. 그리고 무엇보다도 강변은 잠실 롯데월드에 당도하기 위한 전진기지와도 같은 동네. 내가 이제껏 이 동네에서 술 한 잔 한 적이 있던가? 아마도 처음인 것 같았다. 이렇게까지 멀리 나와서 술을 마시겠다고 자청했다니, 제정신이 아니었구나. 뭐 이왕 이렇게 된 것 부장님과 쐬질도 열심히, 쏘주도 열심히.

- 오늘은 운동 어디 해요?
- 저는 오늘 가슴합니다. 부장님은요?
- 저도요.
- 오, 겹치는 루틴 있으면 로테이션 해도 좋겠네요.

현우 부장님은 꽤 오랫동안 꾸준히 운동을 하셨다. 회사에서 처음 만나 이런저런 이야기를 하다가 우연히 둘 다 운동에 진심인 것을 알고나선 운동과 영양에 대한 정보를 이모저모 나누다 보니 어느샌가 평일 점심에 단백질 가득한 메뉴들을 같이 찾아나섰고, 오후에 출출해질 때면 편의점에서 프로틴 음료를 함께 마시는 등 사실상 파트너나 다름이 없었다.

　　헬스장에 도착해 환복을 하고 각자의 루틴을 시작했다. 두 사람 모두 4분할 체제에 당일 운동 부위도 동일했으나, 루틴은 서로 다르기에 서로 크게 대화할 일은 없었다. 운동 한 세트가 끝나면 휴대폰 앱에 수행기록을 적고 세트 간 쉬는 시간이 너무 길지 않게 살펴가며 운동을 하다보면 이미 몸도 머리도 포화 상태이기에 서로 신경 쓸 겨를이 없었다. 다만 파트너의 루틴을 보고 서로 배워갈 수 있는 좋은 자리이기도 했다. 그렇게 한 시간 정도 운동 후 샤워를 마치고 나와 저녁을 먹으러 갈 시간.

　　- 싸이먼 오늘 뭐 땡겨요?
　　- 이 동네는 어디가 유명한가요?
　　- 뭐 운동했으니 단백질이죠. 요 앞에 소갈비살집 가시죠.
　　- 좋아요.

　　어차피 메뉴는 정해져 있던 듯 한데 왜 물어보셨을까.

이미 저녁시간이 한참 지난 시각임에도 그 소갈비집에는 여전히 사람이 많았다. 비록 한우가 아닌 미국산 소고기를 취급하는 곳이었지만, 괜히 한우로 힘줄 필요가 있던 날도 아닌데 뭐 어떤가. 무게를 치며 한껏 찢어놓은 근육에 힘을 보충할 단백질만 풍부하면 되었지. 소고기 부위 중에서도 단백질이 특히 많다는 살치살로 첫 불판을 채웠다.

           소고기는 너무 바싹 익히지 않고 바깥면이 속의 육즙을 적당히 감쌀 때 먹어야 맛있다는 부장님의 말씀에 불판 위 고기는 금방 익어갔다. 운동으로 살짝 나른해진 빈 틈은 시원한 첫 소맥 한 잔이 식도를 따라 내려가며 상쾌하게 채워졌다. 그리고 베어 물었던 살치살 한 점은 그야말로 탁월함 그 자체였다. 그 옛날 선인들께서 농사일로 또는 작업 중에 한창 고되어가던 중 휴식시간에 드셨다던 술과 고기가 후대에까지 널리 회자가 될 정도인 것을 보면 역시 술과 고기를 맞이하기 전까지는 한껏 근육을 지치게 하고 땀을 내어야 비로소 진가를 발휘하는 듯 하다.

       - 운동하고 마시니까 몸에 그냥 쫙쫙 붙네요.
       - 그러니까요. 이 맥주로 소맥타니까 엄청난데요?

       하필 그 날 가방에 들고 온 새로운 맥주가 있던지라 꺼내 소주에 타보았는데, 역시 결과는 대성공. 역대급의 맛이었다.

- 오늘 진짜 완벽하네요. 종종 이렇게 루틴해도 좋겠어요.
- 술 마실 핑계 하나 더 만드는 건 아니고요?
- 어차피 부장님도 면죄부 생기시는 거잖아요?
- 그건 그래요. ㅋㅋㅋ

운동으로 헌 칼로리를 버리고 음주로 새 칼로리를 얻는 기괴한 밸런싱. 이것 또한 개인의 취향이겠거니- 그리고 다행히 그 취향을 공유할 수 있는 사람이 있다니 반가웠다. 뭐 하나 내 뜻대로 흘러가는 법이 없는 회사일과 세상만사에 운동과 음주는 그나마 내 자유의지를 행하고 결과를 볼 수 있기 때문 아니었을까.

기괴하지만 공통된 취향과 더불어 그와 대화가 물 흐르듯 가능했던 것은 무한한 상상력과 도전, 타인을 향한 태도, 그리고 무엇보다도 단단하게 자리한 삶의 가치관이었다. 말과 생각의 한 끝 차이로 단숨에 무에서 유를 창조해내는 조급함이나 자기합리화의 결말로 탄생한 정신승리보다는, 스스로 정한 루틴을 꾸준히 행하며 자신을 깎고 다듬어가는 그를 보며 내 자신을 돌아보게 되는 경우도 많았다. 그리고 그 시작은 내가 회사에 갓 입사한 시절로 되돌아가, 다른 사람들은 그저 그때그때 필요할 때만 급하게 요청하고 서둘러 만들어낸 내 결과물을 거두어 가기 바빴던 와중에 그는 유일하게 여유를 갖고 나의 일과 역할에 진실한 관심을 보이고 먼저 다가왔기 때문이었을지 모르겠다.

입사 후 남몰래 홀로 견뎌내던 고립감과 정서적 불안감은 그렇게 그의 기운으로 조금씩 회복되어갔고, 일도 조금씩 편해지고 익숙해졌다. 마치 순풍에 돛을 단 배와 같이 좋은 흐름이 이어지던 날들의 어떤 순간, 내게 승진이라는 반가운 소식이 들려왔다. 그 날 소고기는 그 동안의 내 감사한 마음을 담은 작은 보답의 차원이었다.

- 싸이먼 축하해요~ 워낙 잘 하니까…
- 감사합니다. 잘하긴요, 다 부장님 덕분이죠 뭐.
- 나는 뭐 한 것도 없는데요, 본인이 다 한거지.
- 그래도 처음에 시동 걸어주신 건 부장님이에요.

그러나 그 자리가 마냥 즐겁지만은 않았던 이유는 그에겐 좋은 소식이 들려오지 않았기 때문이었다. 그 정도면 괜찮지 않은가 싶었으나 어떠한 이유에서인지 그는 다음 단계로 나아가지 못했다.

- 기준을 모르겠네요. 말이 안 되지 않나...
- 저는 뭐 여기까진가 봐요. 싸이먼은 젊으니까 굳.
- 진짜 잘 하셨는데 여기서 못 알아보는 것 같아요.
- 싸이먼과 달리 저는 못했으니까 그 이상이 없었던 거죠.
- 기회는 또 오겠죠. 꼭 여기가 아닐 수도 있잖아요?

씁쓸한 소주잔 건배 후엔 그래도 또 해보자는 말 밖에.

- 아 몰라요, 전 몸이나 만들래요. 단백질이나 더 채우죠. 사장님 여기 소갈비살 1인분이요.

고기가 다 떨어져가니 사뭇 무거워진 분위기를 반전시킬 소갈비살. 이미 살치살로 배를 채운 상태라 소갈비살이 느끼할 것을 대비해 양파 초절임을 갈비살 한 점에 얹어 먹었다. '저기압일 땐 고기 앞'이라는 말은 한낱 가벼운 농담이 아닌, 필연한 법칙임이 틀림없다. 뜻하던 대로 되지 않아 갈라진 열정과 희망의 틈 사이로 그 날은 그렇게 육즙과 소주를 한껏 채워넣었다.

- 2차 갈까요?
- 좋아요. 간단하게 한 잔 하시죠.

두 사람 모두 배는 불렀지만 2차를 가겠다고 한 건 모처럼 마련한 독대 술상 위로 아직 다 꺼내지 못한 속내가 있어서였을까. 계산을 하고 나와 급한대로 찾은 근처 이자카야. 운동을 열심히 한 데에 대한 보상심리와 더해 꽤 올라온 취기에 모둠꼬치와 오뎅탕을 전부 주문했다. 테이블에 깔린 제각기 다른 모양의 꼬치와 오뎅들이 마치 우리의 모습이 아닐까 싶었다. 누군가는 먹기엔 까탈스러워도 모두의 각광을 받는 닭날개, 또는 호불호가 극명한 닭모래집, 또는 속에 열과 화가 가득한 유부주머니. 그럼에도 한 접시 내에 여전히 공존하고 타인의 선택을 받기 위해 서로 경쟁할 수 밖에 없다.

따뜻하게 뎁혀진 오뎅국물에 2차 첫 소주 한 잔을 함께 비워냈다. 이미 부장님은 주광색 테이블 조명 아래 얼굴에 취기가 벌겋게 올라온 후였다.

- 저는 앞으로 회사생활 할 날이 얼마 안 남았잖아요. 그래서 요즘은 미래에 대한 고민을 많이 해요. 이후에 나는 뭘 하면서 살아야 하나? 과연 잘 할 수 있을까? 하는 생각들이 들기 시작해요.
- 그러실 것 같아요. 그 다음 스텝으로 뭐 생각해 놓으신 것 있으세요? 저번에 얘기했던… 두바이에서 할랄 프로틴 만들기? ㅋ

얼마 전 같이 점심 식사 후 산책을 하다가 두서없이 사업 아이템들을 늘어놓던 중 꽂혔던 할랄 프로틴이 생각났다. 푸하하하- 자지러지게 웃는 그에게 뭐라도 해보시라며 나는 그를 추켜냈다.

- 부장님 그간 경험도 많으시잖아요. 그런 부분 살리면 좋지 않을까요? 온라인에 이런 플랫폼도 있어서 어렵진 않을거에요. 본인 포트폴리오 정리해서 올리시고 시험삼아서 한 번 해보세요. 저도 보탬이 될 부분이 있으면 도와드릴게요.
- 말만으로도 고마워요. 든든하네요.

그저 위로를 위한, 듣기 좋으라고 하는 빈말은 아니었건만 이미 음주치사량을 넘은 것 같은 그는 오늘이 지나면 기억을 할까.

마침 그에게 걸려온 전화. 좀 전까지 왁자지껄했던 목소리 톤은 온데간데 없고 나긋나긋 통화를 짧게 끝낸 그를 보니 이제는 가야할 시간 - 십중팔구 형수님께 걸려온 전화. 비록 주문한 음식이 많이 남았지만, 다음 자리의 기약을 위해서는 나 역시도 그 규칙을 잘 따라야 한다는 것을 알기에 미련없이 자리에서 일어났다.

- 부장님 얼른 들어가세요. 저는 택시 바로 잡았어요.
- 네 조심히 들어가요. 다음 주에 봬요.

강변북로를 타고 택시 창 밖으로 맞이한 서울의 밤. 10년, 20년, 30년 뒤의 나는 어떤 사람이 되어있는가- 현재 루틴과 역할로 탄생하는 작은 알갱이들은 결국 어떤 바람을 타고 날아가 앞날의 나를 미리 만들고 있는 것일지, 그의 고민을 들으니 나 역시도.

다시 돌아온 월요일, 평소와 같이 아침 일찍 헬스장에서 운동을 하고 출근을 했다. 부지런히 하루 업무를 소화해내고 퇴근할 무렵, 메신저로 메시지 하나가 도착했다. 부장님이었다.

- 우리 술 마시면서 얘기했던 거 주말에 준비해봤어요. 한 번 보실래요? 어떤지 얘기 좀 해주세요.

역시 무엇보다 중요한 건 꺾이지 않는 마음. 좋았어- 영차!

뭐 언젠간 잘 되지 않겠습니까
- 곰달래길에서 순두부찌개, 계란말이와 노가리

- 김대표 오늘 재택임?

- ㅇㅇ 뭐 없으면 간단히 저녁이나 뭐까

- 몇 시까지 오실 수 있음? 핵 배고픔

- 출발할 때 연락줄게 나오셔

 업무를 보다가 오후 5시가 다 되어갈 즈음 매주 한 차례 정도는 똑같은 대화의 패턴이 반복되었다. 이른 아침부터 공부에 몰두했던 호성이 잠시 식사를 구실 삼아 쉬어가고 싶었던 것이다. 어디 먼 곳으로 나갈 필요 없이 집에서 천천히 걸어가면 그가 공부하는 스터디카페 앞까지 금방 다다를 수 있었다. 나 역시 일을 마치고 잠시 환기하는 차원에서 그럭저럭 나쁘지 않았던 루틴이었다.

　　　　스터디카페에 도착할 무렵 이제 밖으로 나오라고 카톡을 보내고 귀에 꽂았던 에어팟을 제 집으로 들여보냈다. 이윽고 끌신을 신은 호성이 모습을 드러냈다. 입꼬리가 올라간 채 고개를 까닥거리며 두 사람은 무언의 인사 후 어슬렁어슬렁 걸었다. 존나 배고파- 그가 어깨동무를 하며 진심어린 허기를 토해냈다. 이 정도의 허기가 지는 날에는 딱 제격인 곳이 있었고 그 날 역시 곰달래길로 향했다.

　　　　곰달래길이라는 지명의 네 음절과 '~길'의 고유명사화로 자칫 가로수길이나 경리단길 같은 핫플레이스가 아닐까 생각하는 사람이 있다면 유감스럽게도 곰달래길은 그런 모습이 전혀 아니다. 왕복 2차선의 좁은 길을 주요 도로로 두고 사는 사람들만 5만명이 넘는, 심지어 그 중 다수의 사람들은 곰달래길의 배후인 봉제산까지 이어진 비탈진 경사를 따라 살고 있기에 비탈길 위아래만을 다니는 전용 마을버스가 있을 정도의 굳센 동네다. 오래된 빌라만이 가득한 이 동네에는 한편 사람 냄새 그윽한 남부시장도 있어서 나이 지긋한 어르신들의 사랑방 역할을 하는 노포집들도 심심치 않게 보인다.

　　　　그런 향토적인 느낌이 물씬 풍기는 곰달래길에서 우리가 줄곧 향했던 곳은 작은 포장마차였다. 오래된 상가 건물의 2층에 위치한데다 곰달래길을 따라 늘어서 있는 가로수 때문에 간판마저 잘 보이지 않아 이 동네에 사는 아는 사람들만 찾아오는 비밀스러운 술집이었다.

늘상 앉던 창가 자리에 앉아 4월이면 곰달래길 양 편을 수놓던 벚꽃을 구경하고자 창문을 젖혔다. 제법 내적 친밀감 가득한 사장님께 메뉴를 바로 주문하고, 그는 수저와 식기, 나는 소주잔과 술을 냉장고에서 꺼내왔다. 소주 냉장고를 따로 둔 이 곳에 존경을 다시 한 번 표하며.

- 김대표 마 오늘 날씨 죽이지 않습네까
- 야 이런 날 어디 옥상에서 노상 까도 좋겠다
- 크 김대표 창밖에 벚꽃 날리는 거 보소 미쳤따리-

극강의 풍류인인 두 사람의 머릿속에는 항시적으로다가 '어떻게 하면 기깔나게 술을 즐길 수 있을까'라는 생각이 있었다. 그 끝엔 종종 그의 독창적인 안주와 새로운 방식의 폭탄주가 탄생했고, 나의 기가 막힌 장소 선정이 분위기를 한껏 끌어올렸다.

곧 주문한 순두부찌개와 계란말이가 나왔다. 크진 않지만 정성스레 토렴된 뚝배기에 보글보글 끓여진 순두부찌개에 계란을 하나 톡 터트리고 숟가락으로 천천히 저어 계란을 고루 배이게 했다. 계란말이는 기다란 접시를 하나 가득 채울 정도로 그 양이 상당했다. 이 두 메뉴의 가격은 각각 2천원. 밥이 필요하다면 큰 전기밥솥에서 직접 꺼내 먹을 수 있는 데 이 또한 공짜. 딱 하나 규칙이 있다면 술은 무조건 2병 이상 마셔야하는데, 두 사람에게는 너무나 쉬운 일.

공부를 시작하며 하루에 한 끼만 먹던 호성에게는 순두부와 계란말이가 첫 끼였다. 그는 공기밥 뚜껑을 열고 밥과 순두부찌개를 크게 한 술 떠 입으로 넣었다. 하루종일 공복으로 법조항을 열심히 외우던 그에게 당분이 공급되니 그의 기분은 급격히 좋아졌다.

- 김대표, 역시 탄수화물이야
- ㅋㅋㅋ 많이 묵어라

알고 지내는 사람들 중 리액션이 가장 좋은 그와 그렇게 야무지게 섞인 소맥 첫 잔을 부딪히고 바로 목구멍으로 털어넣었다. 곧이어 케첩과 머스터드가 듬뿍 뿌려진 따끈한 계란말이 한 조각도.

다시 만난 지 사흘이 된 동안 이슈사항을 가볍게 업데이트 했다. 그가 공부하는 스터디카페에서 자꾸만 신경을 살살 거슬리게 하는 새로운 빌런의 등장과 쉬는 시간에 우연히 보게 된 웃긴 유튜브 영상, 그 날 뒷목 잡게 했던 어떤 국회의원의 멍청한 발언, 당시 하늘 모르고 솟구쳤던 아파트값, 그런 시황에도 영끌로 김포에 아파트를 샀다던 그의 고등학교 친구의 이야기까지. 그런 대화는 골목의 어떤 작은 슈퍼 앞에서 소주를 앞에 두고 윤석열이니 문재인이니 여당이 어떻고 야당이 어떻고 하며 정론을 한데 펼치는 어르신들과는 달리, 어떻게 그런 문제들에 접근하고 해결해야할까 라는 나름 진심어린 고민이었다.

　　　　대학 졸업과 함께 어느 항공사 승무원으로 바로 입사한 그는 줄곧 내게 나중에 정치를 할 것이라고 말했다. 그리고 나는 그의 그 말을 막연한 꿈 정도로 생각했다. 승무원 생활을 꽤나 즐기는 것 같아 보이던 그가 과연 하고 있는 일을 그만 두고 할 만큼 정치는 진심이었을까 하는 작은 의구심에서였다. 그러던 어느 날 그는 내게 대뜸 전화를 걸어 이야기했다. 방금 사직서를 제출했다고.

　　　　잠시 휴식기를 갖던 그가 다음으로 향한 곳은 언론사였다. 그제서부터 나 또한 깨닫기 시작했다. 그의 말은 결코 막연한 꿈이 아닌 확연한 '숨'이었다고. 괄목할 만한 정론지는 아니었지만 그는 기자일을 새로 시작했다. 쾌활한 성격을 장점 삼아 그가 집중하고자 했던 주제들을 직접 발로 찾아다니며 원고를 작성했다. 서툴렀지만 어둡고 음침한 체제의 모퉁이들을 찾아 쓸어담았다. 가끔 카톡으로 자신이 작성한 기사가 어떠냐고 모니터링도 요청하거나 이 숫자를 이렇게 활용하는 것이 맞는지 물어보는 그였다. 그렇게 점차 그와의 술자리는 단순히 술만 마시고 끝나는 것이 아니라 일과 삶, 나아가 세상 모든 것에 대한 날 것의 생각을 서로 공유하는 작은 플랫폼으로 형성되어갔다.

　　　　이제는 이 흐름대로 기자로서의 경력을 쌓아가나 싶었던 그의 기사는 어느 날부터 보이지 않았다. 부당한 파편들을 날카롭게 지적하던 그 또한 부당한 조직에 있었다는 것을 알아차리고 나선.

그 길로 그는 가보지 않은 길을 걷기 시작했다. 어디 한 번 해볼까가 아닌, 확신에 가득찬 결론이었고 그 길만이 행복한 삶으로 다가가는 일이라 느꼈다. 그는 부조리에 대한 분노를 바탕으로 그에 맞서고 타파해가는 데에 뜻을 두고 그렇게 첫 목표를 노무사가 되는 것으로 정했다.

그 날은 우리의 친구 성범에게도 연락을 했으나 야근으로 함께 하지 못했는데, 근래 부쩍 야근이 많아진 그가 걱정되었다.

- 성범이는 오늘도 야근한다더라
- 거기는 야근한다고 수당 챙겨주는 것도 아니던데
- 지가 또 일욕심이 있으니까 먼저 그런 말 못 꺼내봐
- 근로기준법 56조에 '사용자는 연장근로에 대해서는 통상임금의 100분의 50 이상을 가산하여 근로자에게 지급하여야 한다'라고 되어있지. 이거 문제가 많습네다-

그는 차곡차곡 공부한 내용들을 술잔 위 버들잎처럼 동동 띄워 내게 건네곤 했다. 내게 설명해주며 복기를 하고 주변 상황에 직접 적용해보며 공부한 내용을 스스로 더 꾹꾹 눌러담았다. 그렇게 도처에 보이던 문제들을 낱낱이 뜯어보며 이를 타개할 아이디어를 서슴없이 꺼내도 보고, 그 아이디어에 다시 살을 붙여 두 사람이 생각했을 땐 꽤 괜찮은 결론을 내려보기도 했다.

　　　　그 날 순두부찌개와 계란말이를 앞에 두고 이어지던 성범의 야근과 그 회사 수당에 대한 대화는 꼬리에 꼬리를 물고 코로나로 인해 시행되던 재택근무를 비롯해 그에 대한 기업 및 정부의 방침과, 코로나로 큰 타격을 입던 자영업자들에 대한 연민까지 이어졌다. 밤 10시면 문을 닫아야 하는 기간이 한동안 지속되다가 그 쯤이 되서야 완화되자 근처 자주 노가리와 맥주집 사장님이 잘 지내시는지 문득 궁금해졌다. 약간의 생맥주로 입가심을 하면 좋을 것 같아 오랜만에 노가리 집을 찾았다.

　　　　늘 손님들로 북적였던 그 곳을 다시 찾은 그 날 가게는 텅 비어 있었고, 의자에 힘없이 앉아 텔레비전만 보고 계시던 이모님만 홀로 계셨다. 문을 열고 들어가자 금방 누구인지 알아채시고는 방긋 웃으시고 좋아하셨던 이모님이었다.

　　- 사장님 잘 지내셨죠?
　　- 아이고 삼춘 이게 얼마만이여-
　　- 그러게요 계속 가게들이 일찍 닫으니 올 새가 없었네
　　- 한동안 가게 문 닫았다가 다시 연지 며칠 안됐어야

　　　　달밤에 비로소 빛나는 노가리집 이모님은 제 빛을 가려야 했던, 끝이 보이지 않던 어둠의 시간동안 꾹 참아오셨는지 반가운 얼굴들 앞에서 눈시울까지 붉어져버렸다.

배부르지도 않고 쫄깃하니 살이 꽉 찬 노가리 세 마리와 가게 문이 닫혀 있는 동안 더 굳세게 차가워진 카스 병맥주 하나에 이전과 다름없이 감탄사를 연발하던 둘을 지켜본 이모님은 꽁꽁 얼은 얼음이 녹듯 그제서야 긴장이 풀린 채로 그 동안의 어려웠던 시간들을 풀어헤쳤다. 누구를 탓할 수도 없는, 그리고 아무 것도 할 수 없는, 속절없이 길어지던 시간들에 장사를 그만두어야 하나 하는 생각에 빠지지 않고 끝내 지켜냈던 희망만큼 값진 것이 또 있으랴. 준비하던 노무사 시험 첫 해에 아쉽게도 낙방을 한 호성에게 주변에서 일어나는 크고 작은 희망의 불씨들은 어쩌면 그의 꿈을 더 단단하게 담금질하기에 좋은 재료였을지도.

- 시험 공부는 또 할려니 안 힘드냐
- 공부한 거 또 보는 거 지겨워죽겠어
- 그래도 한 번 시험도 봤는데 이번엔 좀 더 낫지 않겠냐
- 확실히 저번보다는 나은 것 같아

지겨울만큼 수 차례 수험서를 정독하고 외워낸 그에게 재도전의 날짜는 다시 가까이 다가오고 있었다. 이번엔 더욱 기운이 좋다던 그에게 여느 때와 다름없이 그 날 역시 - '되겠지 뭐'

- 저번보다 준비도 많이 되었는데 이번엔 잘 되었지 뭐
- **뭐 언젠간 잘 되지 않겠습니까**

나도 너 나이 때는 하고 싶은 게 많았지
- 을지로에서 한우 등심과 안심, 부채살 세트

- 아들, 이제 김 부장이여? 축하해. 한 턱 내는겨?
- 에이 뭐 직급만 그렇지 똑같아.
- 에이, 부장님 이제 월급도 오르잖아유? 언제 쏘는겨?
- 뭐 만나야 사지. 한 번 내려갈게요.

오전 중 가족 단톡방에 올렸던 나의 승진 소식을 아버지는 점심시간의 일을 다 마치고 난 오후에서야 확인을 할 수 있었나보다. 수화기 너머로 들리는 그의 목소리에는 이미 기쁨이 가득 찬 듯 했다. 그래, 다음 달에는 한 번 내려가서 인사드려야지- 하는 생각으로 남은 하루를 보내고 잠에 들려는 차, 아버지에게서 전화가 왔다.

- 야, 너 이번 일요일에 뭐하냐? 약속 있어?
- 아뇨, 이번주는 딱히 없는데... 왜요?
- 아니, 김 부장님이 한 턱 쏜다는 얘기가 없어서 엄마하고 같이 서울 가서 얻어먹을라고.
- 아아 ㅎㅎ 올라와요 그럼, 같이 점심 먹지 뭐.

그러고보니 부모님이 서울에 올라오신 것도 오래전의 일이었다. 대학에 다닐 때는 이따금씩 밥은 잘 먹고 댕기나, 아픈 데는 없나 나를 걱정하는 마음과 동시에 아들이 있으니 겸사겸사 서울 구경도 해볼 겸 올라오셨는데, 세월이 지나 이제 예전처럼 서울을 편히 오가는 것도 쉽지 않았던 두 분이었다.

그 주말은 꽃샘추위도 다 지나고 어느덧 서울 곳곳 벚꽃이 흐드러지던 따스한 봄날이었다. 날씨도 적당히 따뜻해서 걷기에도 좋았다. 오랜만에 부모님과 서울 나들이도 할 겸, 승진 턱 삼아 좋은 식당에 가서 식사를 대접하고 싶었다.

- 김 부장, 그나저나 내일 어디로 가야 돼? 어디서 만나?

어디가 좋을까 싶다가, 오랜만에 서울에 올라오시니 아무래도 두 분이 좋아하시던 종로나 을지로 쪽이 좋을 것 같았다. 예전만큼 오래 걷는 게 힘드신 것을 고려했을 때 식사를 하고 구경할 만한 곳이 멀지 않아야 하니 명동을 낀 을지로입구 쪽이 적당했다.

어느덧 일요일 아침, 고속버스를 탔다는 아버지의 카톡과 함께 하루를 시작하며, 약속된 시간에 을지로입구역에 도착했다.

- 오, 김 부장! 승진 축하혀. 뭐 사주시게요, 김 부장?

날도 날인데다가 오랜만에 서울을 오시는 두 분이니 맛있고 귀한 것을 대접하고 싶어 미리 찾아본 한우 식당으로 향했다. 평소 같으면 화들짝 놀랄 만한 가격대에 망설여지는 곳이었지만 모처럼 크게 대접해드리는 날인데 뒷걸음질이 웬말이랴.

명동길 초입에 있던 그 식당은 최고급 한우를 등심, 안심, 부채살, 채끝 등 한우 중에서도 맛있는 부위를 취급하고 직접 구워서 내오는 곳이었다. 부모님과 도착했을 때는 막 영업을 시작한 때라 비교적 한가한 분위기였다.

- 여기 고기 맛있겠네. 김 부장, 너무 무리하는 것 아녀?
- 이럴 때 사는거지, 부족하면 더 시켜요.
- 이야, 부장되더니 월급 많이 올랐나봐? 아빠보다 더 많이 버는 거 아녀? 응? 김 부장, 아빠 용돈도 좀 올려주고 그래~ 김 부장님, 그래도 맥주 한 잔 하셔야쥬?

능글맞은 아버지의 추임새에 피식 웃음이 났다. 의젓해 보이고자 함인지 어릴 적부터 유독 가족들 앞에서는 무뚝뚝하고 표현에 서툴던 나를 아버지는 어떻게 다루어야 하는지 이미 잘 알고 계셨다. 집에서는 말이 없던 내가 그나마 대화를 시작하게 된 건 아버지와의 술상이었다. 아버지는 술에 힘을 조금 빌려서라도 대화를 이어나가는 내 모습에 즐거우셨던 모양이다.

직원이 옆에서 친절하게 각 부위를 안내하며 맛있게 구워주는 가운데, 카스 한 병을 시켜 아버지와 건배를 하고 적당히 익혀진 안심 한 조각을 곁들여 나온 핑크솔트에 살짝 찍어먹었다. 육즙이 입 안에 가득함과 동시에 열려있던 창문을 통해 봄바람이 사르르 불어왔다. 그래, 또 봄은 이렇게 다가오기도 하지.

- 그러고보니 예전에 너 대학 입학하고나서 종로에서 아빠가 한우 사줬잖아. 이름이 뭐였더라? 지금도 있을려나 모르겠네.
- 인사동에 거기요? 거기도 맛있었는데.
- 야, 그 비싼 한우인데 당연히 맛있지.
- 오늘은 그래도 제가 사잖아요. 어쩌다보니 그 집도 그렇고 다 종로하고 을지로 이 근처네.
- 뭐 서울 오면 다른 데 갈 데 있냐, 이 쪽 와서 구경하는 게 제일 낫지. 니 엄마는 또 인사동 매니아잖아.

예전부터 두 분이 서울에 올라오시면 십중팔구는 종로와 을지로를 둘러보셨다. 어머니가 좋아하던 인사동과 북촌, 아버지가 좋아하던 종로와 을지로 골목, 그리고 광장시장. 두 분 모두 그래도 아직 옛날 서울의 모습이 남아있는 사대문 안을 좋아하셨다. 서울에 올라오시면 오래 계시면서 여기저기 더 천천히, 구석구석 보시고 내려가시면 좋으련만, 다음에 올라오면 또 보겠지- 하고 미루던 것도 어느덧 10년이 훌쩍 넘어버린 지금은 가봤던 곳들만 다시 몇 번씩.

뒤이어 구워진 등심과 부채살도 훌륭했다. 과하지 않게 겉에만 살짝 익혀 고기 안쪽은 불그스름한 때깔이 탐스러웠다. 소금과 함께 나온 생와사비를 조금 얹어 먹었다. 고기와 함께 입 안에서 뒤섞이던 맥주 한 모금까지. 두 분도 맛있게 드시는 것 같아 좋았다.

　　- 큰아들이 다 커서 이제 부장이라네, 여보.
　　- 그래, 이제 장가만 가면 되는데. 빨리 좀 가.

　　아차, 방심했다. 결국 꺼내어져 버린 그것.

　　- 뭐 언젠가 가겠죠. 그러나 아직 난 할 게 더 남았지.
　　- 뭘 또 할려고. 또 여행? 책 쓰게?
　　- 그건 당연하고... 암튼 있어요 할 거.
　　- 야, 어여 가- 이제 늙으면 너 받아주는 사람도 없어.

　　무어라 다 말할 순 없지만 더 나이가 들면 할 수 없을 것 같은 일들이 많다는 생각에 이 다음을 나아가길 주저하고 있는 동안, 시간은 계속 흐르며 하나둘 주변은 새 삶을 꾸려가고 있으니 동여맨 마음이 조금씩 흔들리는 건 당연했다. 남은 맥주를 다 마시던 아버지가 한 마디 하셨다.

　　- 나도 너 나이 때는 하고 싶은 게 많았지.

- 뭐하고 싶었는데요 아빠는?
- 나? 이것저것 많았지- 그 중에 지금까지도 아직 해보고 싶은 게 하나 있지.

듣고 있던 어머니가 물으셨다.

- 뭔데? 해보고 싶은 거?
- 뭐... 암튼 있어- 나중에 얘기해줄게.

아버지는 대답을 아끼셨다. 곧 주문한 식사가 나왔다. 따뜻한 국물을 좋아하시는 어머니를 위해 된장죽을 하나 시키고, 육회를 좀 맛보고 싶다는 아버지를 위해 육회비빔밥을 하나 시켰다. 나는 육회비빔밥을 덜어 나눠 먹었는데, 새싹의 아삭함과 육회의 신선함이 어우러져 만족스러웠다. 식사를 어느 정도 마치고 어머니가 잠깐 자리를 비우는 동안 아까 하고 싶은 게 있다던 아버지께 물었다.

- 아버지는 그래서 뭐하고 싶은데요?

히죽 웃던 아버지는 한껏 목소리 톤을 낮추고 나지막하게 그 답을 들려주셨다.

- 바이크 타고 일본 위부터 아래까지 종주하는 거.

항상 일로 바쁘셨던 탓에 나만큼 지구별을 많이 돌아보지 못했던 아버지이기에 그러한 바람은 충분히 있을 법 했다. 너무 나만 여행했었나, 부모님 두 분 또는 아버지라도 모시고 그래도 가까운 일본이라도 가끔 같이 다녀왔어야 했나- 무심했던 스스로에게 조금은 자책도 들고, 가끔 본가에 내려가면 일을 마치고 돌아온 아버지가 홀로 거실에서 해외의 여행지들을 소개하는 다큐멘터리를 조용히 보고 계신 모습이 떠올라 죄송스럽기도 했다. 그러고보니 일본으로 여행을 그렇게 다녔지만 정작 아버지와 다녀온 적은 없었다.

- 에휴 됐어, 이제 늦어서 하지도 못해.

꿈은 어떤 시기를 지나면 실현되는 것을 포기한 채, 그저 어느 지난 날의 기분 좋았던 상상으로만 존재하게 되니, 씁쓸하지만 그래도 웃어볼 수 있는 삶의 한 조각과도 같다.

이윽고 자리로 돌아온 어머니에 뒤이어 아버지가 잠깐 자리를 비우셨다. 어디를 가고 싶냐고 물었더니 식사한 것을 소화시킬 정도로 걸을 수 있는 가까운 곳이면 다 괜찮다고 했다. 벚꽃도 피었겠다, 덕수궁을 천천히 걷다가 차를 한 잔 하는 것이 좋을 듯 했다. 슬슬 자리에서 일어나 계산을 하려 했더니 이미 계산이 되어 있다 했다.

- 아빠가 계산했어 김 부장, 다음에 한 턱 쏴.

- 아니, 왜 아빠가 내요. 내가 사기로 했는데-

- 그래도 김 부장 승진 축하는 해줘야지. 다음 집에 내려올 때 좋은 술 사오는겨?

- 자기는 왜 자꾸 애한테 술을 사달라고 하는겨-

이렇게 술 거래는 다음 술 거래를 낳고. 이 다음 백화점에 가서 한 번 아버지 드릴 술을 골라보기로.

봄날의 햇살을 받으며 덕수궁으로 입장했다. 덕수궁 입구부터 줄지어진 벚꽃나무에는 벚꽃이 한가득이었다.

- 엄마, 요기 앞에 서 봐요. 아빠하고 같이.
- 여보 빨리 이리 와, 사진 찍는다잖아.

벚꽃을 배경으로 사진을 찍는 도중에 봄바람이 세게 불며 벚꽃이 흩날렸다. 급히 동영상으로 전환하고 두 사람이 걸어가는 모습을 찍었다. 벚꽃을 감상하던 아버지가 말씀하셨다.

- 이야, 장관이다. 일본에 벚꽃도 예쁘다던데. 김 부장, 언제 한 번 시간 맞춰서 셋이 일본에 벚꽃보러 가자 야.

그럼 물론이죠, 내년에라도 같이 가요. 건강만 하세요.

병 하나에 아버지, 아버지.

막 잔

가을에 접어들었지만 아직 더운 밤, 편의점에서 할인행사를 하는 저렴한 레드와인 하나를 사서 집 냉동실에 있던 각얼음을 한가득 탈탈 큰 유리잔에 담고 와인을 가득 채워 섞어버렸다. 이 책의 원고 작성도 어느덧 끝을 보이기 시작했으니 자축이라도 해야겠다 싶어서. 어제 먹다 남은 치즈 몇 조각을 함께 곁들이기로 했다.

이 책은 사실 5년 전 내 두 번째 책으로 준비하다가 결국 세상에 나오지 못한 사연의 주인공이다. 이 책과 비슷한 형식으로 기획을 하고 원고도 다 쓰고 최종 원고로 손퇴고도 직접 몇 번씩이나 했다. 아직도 손퇴고 작업이 가득했던 스프링철 원고가 책꽂이에 버젓이 꽂혀 있다. 마지막 퇴고 과정에서 스스로 출간을 포기했었다. 등장인물들을 바라보는 나의 시각이 영 건강하지 못했고 그들을 잘 이해하지도 못하고 있다는 느낌이 들었던 것이 이유였다.

그렇게 시간이 흐르면서 다시 이 책을 써야겠다 마음먹었던 계기는 술자리를 함께 하며 많은 이야기를 나눠준 사람들에 대한 '고마움'이었다. 술자리에서 술에 취한 상태로 그들에게 고맙다는 이야기도 종종 던지지만, 가지런히 정돈된 어떤 형태로 그들에게 다시 전하고 싶다는 생각이 마음 한 켠에 자리했던 것 같다. 그리고 그 수단으로 나는 이 책 <병 헤는 밤>의 출간을 선택했다.

지인들에 대한 고마움 외에도 나는 이 책을 여기까지 읽어온 독자들의 주위에도 이 책의 등장인물들과 별반 다르지 않은, 보통의 특별한 존재들이 더 존재할 것이라 생각했다. 그리고 그 존재들을 가끔 떠올리고 그들과의 즐거운 시간들을 간직할 수 있는 것은 오늘과 내일을 살아가는 데에 있어서 중요한 에너지로 작용한다고 믿고 있다.

서울과 같은 '바쁘다바빠현대사회'에서 치열히 살아가다가 가끔 정신이 들면 어느샌가 소원해지는 그들과의 연락과 그들의 온기. 이 책에 있는 이야기들이 이 책을 읽고 있는 그대가 이제는 먼저 잊고 있던 그대의 가족, 친구, 동료, 선후배에게 먼저 연락을 건네게끔 자극할 수 있다면, 5년 전 떠올린 이 책을 잊지 못하고 이제서야 완성한 나에게 그것은 흐뭇한 집착이겠다.

- OO아, 오랜만에 XX에서 술 한 잔 할까? 다음 주 어때?

"싸이멍"

"김 대표"

"브라더"

"가리"   "김 작가"

"Simon님"

"김 상"   "42man"

"싸군"   "환아"

"자네"

"작가님"

"싸이먼"

"김 부장"

"형"

"아들"

그러나 숙취가 지나고 나의 속에도 봄이 오면
퇴근 직전 깜짝 술약속 생겨나듯이
너와 마주앉을 술상 위에도
자랑처럼 술이 무성할 거외다

병혜는밤

초판 1쇄 인쇄일 2023년 11월 1일

초판 1쇄 발행일 2023년 11월 1일

Instagram   @oncesimonsaid

지은이   Simon (simon.kim.kr@gmail.com)

펴낸곳   와비사비

출판등록   2018년 9월 5일

ISBN   979-11-965012-2-8

*이 책의 판권은 지은이 및 출판사에 있습니다. 이 책의 내용을 재사용하려면 양측의 서면 동의를 받아야 합니다.

*와비사비'는 완벽하지 않은 것들을 귀하게 여기는 삶의 방식을 일컫는 일본의 철학입니다. 화려하진 않지만 수더분한 일상 속에서 삶의 가치를 깨닫고 공유해갑니다.